ベルナール・オリヴィエ

ロング・マルシュ
長く歩く

アナトリア横断

内藤伸夫・渡辺純◉訳

藤原書店

Bernard OLLIVIER

LONGUE MARCHE I

Traverser l'Anatolie

日本の読者へ

『ロング・マルシュ』〔「長い歩き」の意〕が物語る徒歩旅行は、ありふれているとはいえないが、前例がないわけではない。二人の日本人が、私より先に、東から西へと、私とは反対の進路をとって歩きとおしているからである。[*1] この本は、「長い人生《ロング・ヴィ》」のなかの大事な段階を綴ったもので、自分にとって、それまでの道程の締めくくりともなった。それが日本の読者にも読んでもらえるようになったのは嬉しいことである。ただ、読者が私とともに道を歩き始めるまえに、どういう経緯で私が旅立つことになったかを話しておきたい。

私は、歩くことがどれほどの力を発揮するものかを発見するのに、六十年かかった。マルコ・ポーロが馬の背に揺られてトルコのイスタンブルから中国の西安まで辿《たど》った道を歩くのに、四年かかった。そして、すべては悲劇に始まり、お伽噺《とぎばなし》に終ったのだ。

退職の時が迫り、私は生きる意欲をなくしていた。十年前の妻の死で開いた傷が、ふさがらないままだった。仕事に打ち込むことでしのいでいたが、いま、その仕事までが私を見捨てようとしていた。子供たちは家を出て、自分たちの人生を生きようとしていた。残酷な皮肉といおうか、身内の者たちは私が喜ぶと信じて、退職の記念に犬一匹とロッキングチェアを贈ってくれた。人生の道のりの終りを告げるふたつの象徴である。彼らの考えでは、私は揺り椅子にゆらゆら揺られながら、犬を撫で、テレビを見ていればよかったのである。あとは釣竿があれば言うことなしだった。人生は終った、残されたのは大いなる旅立ちまでの日数《ひかず》を数えることだけだった。

日本への旅のために、ジャーナリストとしての私の職業生活の結末は、二週間延期された。その四年前、私はアメリカで開かれたパラリンピック大会の取材をしていた。その縁で、ある新聞が長野の大会の現地取材をもちかけてきたのだ。その機会を利用して、列車に乗り、慌しくはあったが、すばらしい旅行をした。車窓から雪を戴いた富士山の堂々たる姿に見とれた。広島では、体を蝕む病魔を払いのけようと千羽鶴を折る少女の話に心を揺さぶられた。

フランスの作家フランソワ・モーリアックは、私を待ちかまえていたものを、ユーモアをこめて、おおよそこんなふうに言っている。「引退、それはすばらしい。ただひとつ具合が悪いのは、それが必ず不幸に終ることだ」。ところが、それが終りもしないうちに、私の心には果てしのない虚無感が広がっていた。なにをやろうという気もなく、希望も持てないまま、退職を数カ月後に控えたある朝、自殺がこんな苦しみを解決してくれるのではないかという考えが浮んだ。しかし、その企てを決行することはできなかった。

そんな状態のとき、座して待つより、なにかしたほうがいいと思い、逃げ出すことに決めた。日本から帰国して六日後、リュックサックに荷物を詰め、ごつい靴をはいて、サンティアゴ・デ・コンポステラ〔スペイン北西部にあるキリスト教の聖地〕への道に旅立った。千年の歴史をもつ巡礼の道だが、そこを歩くのは私のように神を信じられない者からすれば辻褄が合わないような気もした。だが、そんなことより、私はヨーロッパ史にとってきわめて重要な意味をもつこの道の歴史に興味があったのだ。そのころまだ住んでいたパリから二千三百キロを三カ月かけて、道連れもなく、電話も持たず、たったひとり、自分と向き合いながら歩きとおさねばならなかった。その目的はただひとつ、道を歩きながら生き続けるべき理由を見つけることだった。

一九九八年の四月六日から七月三日のあいだに、私は歩くことの治癒力を発見した。それは鎮痛剤や抗鬱剤よりもはるかに効き目がある。妻の死後、私はスポーツをまったくやめてしまい、いささか錆びついていたから、当然ながら足やあちこちの筋肉に痛みが現れたが、徒歩旅行を始めて三週間たったころには、早くも当初の痛みを克服できた。その後は、将来の計画を練りながら、楽しく歩いた。孤独と自然、出会い、そして快い休息を約束する快い疲労の幸福を見出した。私は若返り、驚きとともに、自分がまだ矍鑠《かくしゃく》としており、自分で思っていたような老いぼれではないことに気づいた。

旅の途中、非行少年が二人、私の先を歩いているという話を耳にした。判事が収監四カ月か歩行四カ月かを選ばせたのだという。なんとすばらしい考えではないか！　歩くことが、絶望した退職者に生きる意欲をよみがえらせたなら、人生の出発につまずいた若者たちにも希望をもたらすはずだ。こういうわけで、夢のような道を歩き、新しい素敵な友をどっさりこしらえてコンポステラに辿り着いた私は、ふたつの決心をした。

——決心その一は、若者たちが自由をめざして歩く手助けをすることで、貧しく教育もない家庭に生まれた私が、市民となり、ジャーナリストとなり、満ち足りた家庭の父親となるのを助けてくれた社会や人々に恩返しをしよう。

——決心その二、私は歩き続けねばならない。だが、どこを？　巡礼の道は豊かな歴史をもっているが、それをまた歩く気はなかった。先人たちが何世紀にもわたって辿り続け、そこに確かな痕跡を刻みつけてきた道を歩くしかない。

それがシルクロードと決まるのに時間はかからなかった。とてつもなく長い道である。ちょうどよかったのだ、いまや私は「それが不幸に終る」までたっぷり時間があったのだから。

十カ月後、ヴェネツィアまで列車で行き、通りがけに偉大なマルコ・ポーロに挨拶をしておいた。つぎはイスタンブルまで船に乗り、早朝のフェリーでボスポラス海峡を渡った。ヨーロッパを離れ、アジアの地に足を踏み入れたわけである。その年の目的地に着くまでには五百万歩ほど歩かねばならなかった……もし辿り着ければの話だが。フェリーを降りたとき、この企てが成功裡に終るとは思えなかったのである。だが、私の心は落ち着いていた。もちろん危険はあるだろうが、その一年前、死に逃げ込むことを考えるうちに、私はいわば死を手なずけていたからだ。それに、リュックサックの口を締める前に、遺書を書いておいた。人生のまるまる四年かかりきりになったこの冒険は、美しく、驚異に満ちた風狂であった。私はやり遂げ、その旅を三巻の本で物語った。本書はその第一巻である。本は「スイユ」[*2]〔「入口」の意〕という組織を設立するのに十分な資金をもたらしてくれた。

機械文明のために、われわれは歩く人類というものを忘れ去ってしまった。歩いて辿る小道は生命の道だ。それは比類のない錬金術によって、暑さ、雨、風、寒さのような試練を乗り越えさせてしまい、ほんとうに生きるという純粋な幸福に変えてくれる。

この本で、私はそのことをわかってもらえるよう努めた。

＊1　大村一朗氏が一九九六年に、中山嘉太郎氏が二〇〇一年にシルクロードを自らの足で踏破した。

＊2　二〇〇〇年に設立された「スイユ」は、非行に走った未成年者が「長く歩くこと《ロング・マルシュ》」を通して立ち直るのを手助けしようとする組織である。少年または少女は一人ずつ、男性または女性の付添人一人とともに、言葉を知らない外国へ三カ月の旅に出る。リュックサックを背に自然歩道や田舎道を二千キロ歩きとおす。キャンプをし、買物をし、炊事をする。そして、歩く。

こうした旅は、親、判事、ソーシャルワーカーとの合意のもとに行なわれ、条件を満たした十五～十八歳の青少年にとって、矯正施設の代わりに選べる道、希望をもたらす道となる。詳しくは、インターネットのサイト（フランス語）へ。http://www.assoseuil.org

ロング・マルシュ　長く歩く

目次

XII　高地の憂鬱　357

XIII　大きな痛み　387

ロング・マルシュ

長く歩く

アナトリア横断

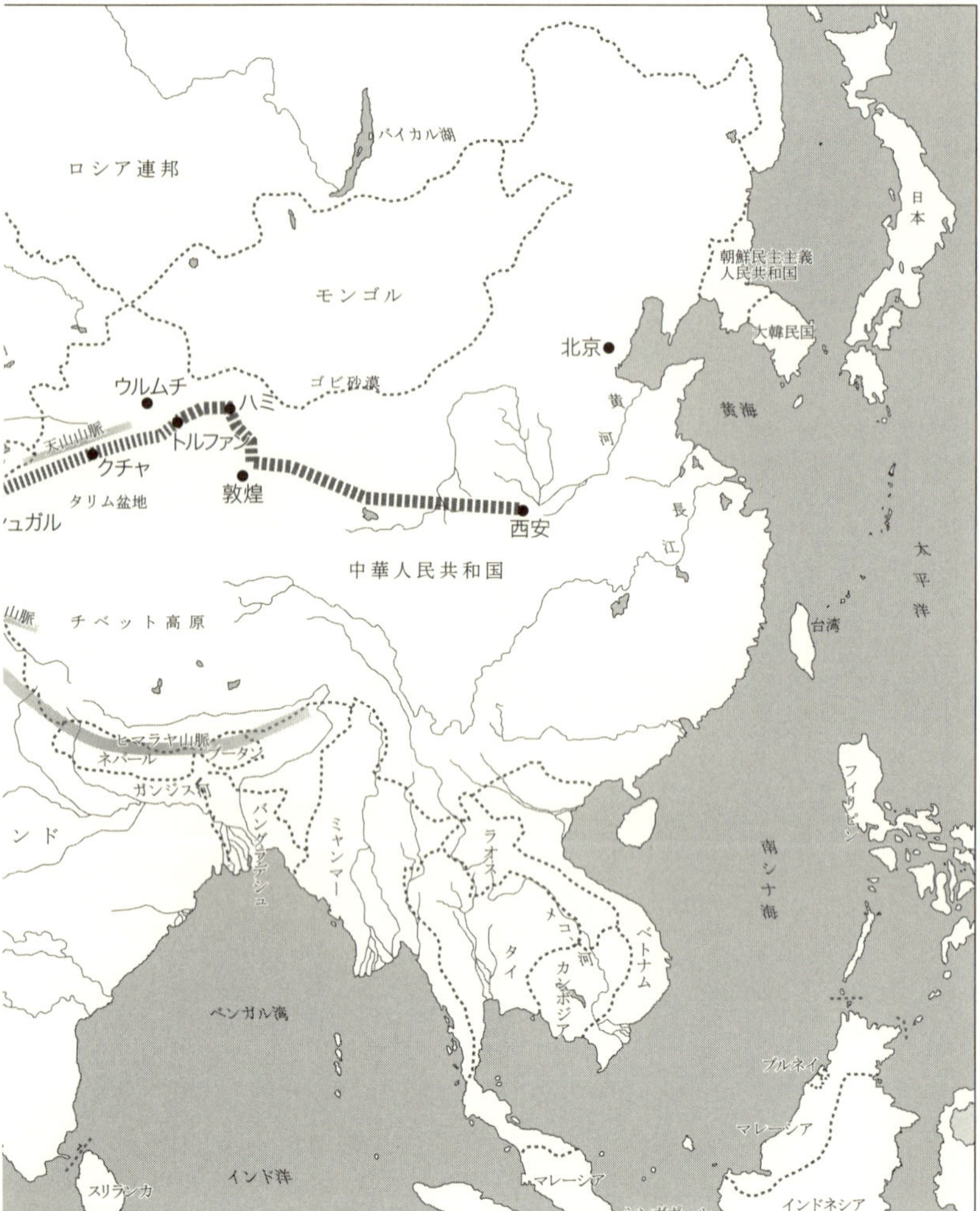

ロシア連邦
バイカル湖
モンゴル
ゴビ砂漠
ウルムチ
ハミ
トルファン
天山山脈
クチャ
敦煌
タリム盆地
ジュンガル
西安
北京
黄河
長江
中華人民共和国
チベット高原
山脈
ヒマラヤ山脈
ネパール
ブータン
ガンジス河
インド
バングラデシュ
ミャンマー
ラオス
メコン河
タイ
カンボジア
ベトナム
朝鮮民主主義人民共和国
大韓民国
日本
黄海
太平洋
台湾
南シナ海
フィリピン
ブルネイ
マレーシア
インドネシア
シンガポール
ベンガル湾
インド洋
スリランカ

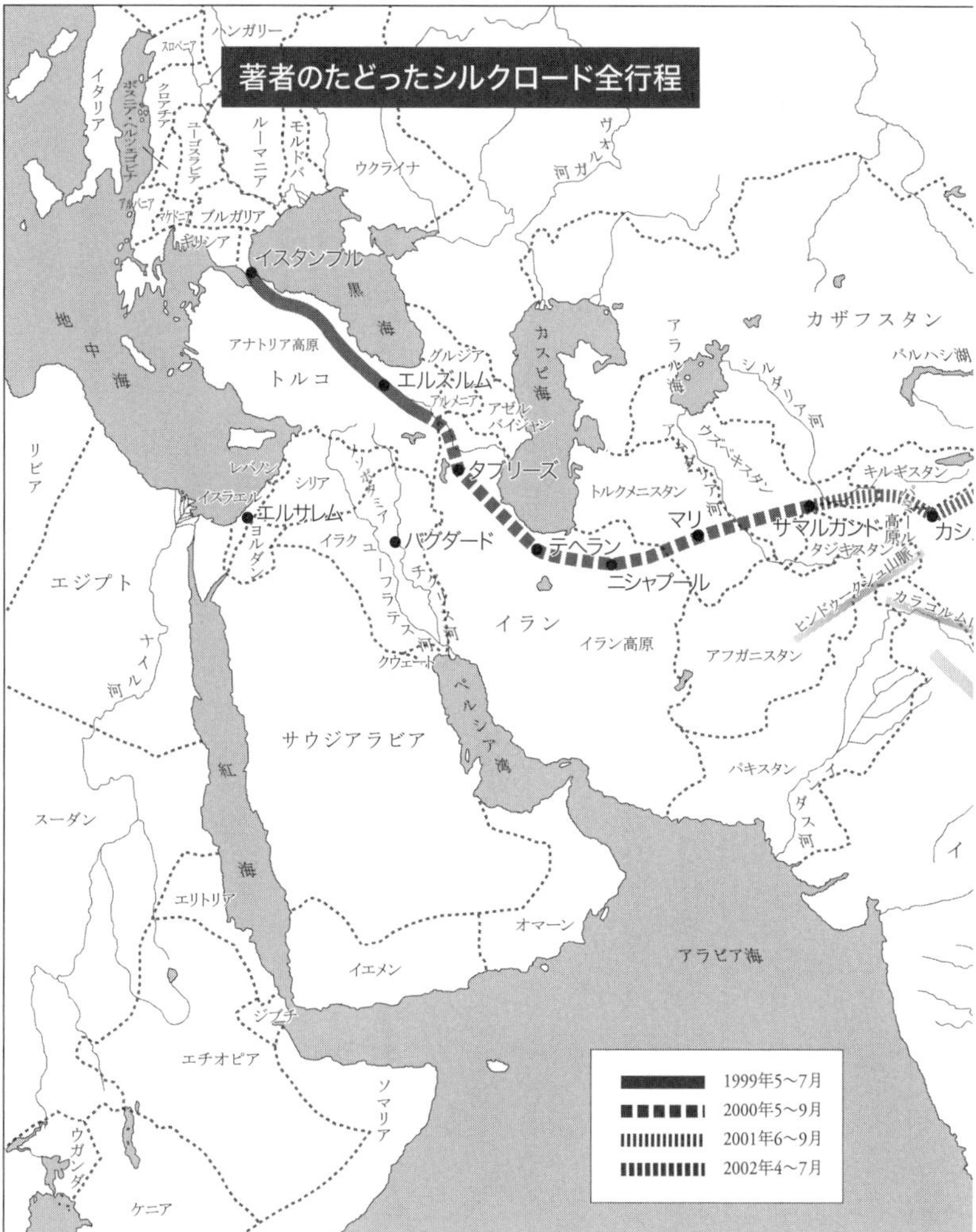
著者のたどったシルクロード全行程
ハンガリー
イタリア
クロアチア
ユーゴスラビア
ルーマニア
モルドバ
ウクライナ
ヴォルガ河
ブルガリア
ギリシア
イスタンブル
黒海
地中海
アナトリア高原
トルコ
エルズルム
グルジア
アルメニア
アゼルバイジャン
カスピ海
アラル海
カザフスタン
バルハシ湖
シルダリア河
ウズベキスタン
キルギスタン
リビア
レバノン
シリア
イスラエル
エルサレム
ヨルダン
タブリーズ
メソポタミア
イラク
バグダード
ユーフラテス河
チグリス河
テヘラン
ニシャプール
トルクメニスタン
マリ
サマルカンド
タジキスタン
カシ
エジプト
ナイル河
イラン
イラン高原
アフガニスタン
ヒンドゥークシュ山脈
カラコルム
クウェート
ペルシア湾
サウジアラビア
パキスタン
インダス河
スーダン
紅海
エリトリア
オマーン
アラビア海
イエメン
ジブチ
エチオピア
ソマリア
ウガンダ
ケニア
1999年5～7月
2000年5～9月
2001年6～9月
2002年4～7月

1999年の旅
ブルガリア
黒 海
グルジア
アルメニア
イラン
イスタンブル
マルマラ海
イズミット
アダパザル
ヘンデク
ベイキョイ
ボル
ゲレデ
チェルケシュ
ウルガズ
トスヤ
クゼイアナドル山脈
サムスン
オスマンジュク
メルジフォン
アマスヤ
ジレ
トカット
シワス
スシェヒリ
ギョロワ
エルジンジャン
テルジャン
アシュカレ
エルズルム
キョプリュキョイ
ホラサン
エレシュキルト
アール
タシュルチャイ
ドウバヤズト
アララト山
アンカラ
トゥズ湖
イズミル
アナトリア高原
トルコ
ワン湖
ディヤルバクル
トロス山脈
地中海
キプロス
シリア
イラク

I 道のはじまる町々

一九九九年五月六日

夜行列車

プラットホームで子供たちが別れの手を振る。駅の大時計の針がぶるんと身震いして、発車の時を指す。列車が私をさらってゆく。都市とその喧騒、その光が遠ざかる。薄闇に包まれた郊外の家々を過ぎると、田園地帯には深い夜が降りて、間遠な灯りが現れては消えてゆく。とうとう私は、シルクロードの長い旅の途についたのだ。

窓ガラスに鼻をくっつけ、尾を引いて流れる光を目で追いながら夢想にふけるあいだも、同じ車室の三人の年金生活者は賑やかだ。そのうちの二人は後ればせの新婚旅行に出かけるところだ。三十五年の間、彼らにはまったく暇がなかった。「商売ってのはね、そりゃ忙しいもんですよ」と、ブルターニュで食料品店をやっていた夫婦の妻のほうがさっき私に言った。もう一人の女性は一人旅で、行き先の街にはすでに行ったことがあり、いずれはカーニヴァルを見てみたいという。ヴェネツィアでは、観光シーズンが始まろうとしている。

私は廊下で長い時を過ごす。おしゃべりする気がしない。私はすでに旅の途にある。それは、あんなにもたくさんのことを私に夢見させた道をたどる旅である。友人たちにプラットホームまで見送りにこないよう頼んだのは正しかったと思う。友人の半分は、私が旅立つのを見て心を痛める人たちだから、またぞろ同じ質問をされたにちがいない。なんだってそんな旅行をしなきゃいけないんだい、と。若者のことならば、彼らも理解して、こう言うだろう。冒険してこいよ、と。しかし、分別をそなえた男が、ノルマンディーで年金暮しをしながら、芍薬《しゃくやく》の手入れでもしていればいいのに、よりにもよって三千キロの道のりを、危険なことでは定評のある国々を通りつつ、ザックを背負って歩く旅に出るなどとは、まったくもって奇怪千万なことである。また、私に感心したり、この大休暇をうらやんだりする人たちが見送りに来たところで、やはり私を励ますことにはならなかったろう。だって、もし彼らの期待を裏切ることになったらどうする？

暗黒の夜に向き合ったこのときほど、計画の成功を危ぶんだことはなかった。しかし、これは昔からよくあることらしい。大いなる旅立ちに小さな意気消沈はつきものである。

この旅行に反対する人にも賛成する人にも、私はいやになるほど何度も何度も自分の考えを説明した。私は六十一歳、若くもなければ老いさらばえてもいない。職業は政治記者、後には経済記者だったが、その仕事は一年前に終りを告げた。妻は、二十五年のあいだ旅と発見の計画を共にした後、十年前にこの世を去って、私の心にぽっかりと穴を開けた。子供たちは社会人としての生活を始めたところだ。すでに彼らは、われわれがお互いに支え合っていてさえも、結局は孤独だという胸苦しい思いを味わっている。子供たちを私はどんなに愛していることか！　彼らも私も人生の大海を前にしている。いまのところ、彼らにはどこまでも広がる海しか目に入らない。私にはすでに船を寄せるべき岸辺が見えている。幸福な少年時代と時折苦難に見舞われた青年時代、そして大人になってからの充実した人生——私は豊かで満ち足りたふたつの人生の時期を生きてきた。しかし、なぜいまその人生が歩みを止めなければならないのか？「私によかれと思う」人たちはなにを望んでいるのか？ 老いが私の襟首をつかまえるのを、あわてず騒がず、諦めの境地で、暖炉のそばで本を読んだり、ソファに坐ってテレビを見たりしながら待っていろとでもいうのか？ いやいや、そんな時は私には来ていない。私にはまだ出会いや、見知らぬ人々や、見知らぬ暮しを求めてやまない強情な欲求が残っている。はるかかなたのステップや、顔に吹きつける風や雨、ここと違う太陽に焼きつけられることを私はまだ夢見ている。

それに、私はこれまでの人生で十分すぎるほど駆けずりまわってきた。いま後ろの車室のなかで、おしゃべりしながら寝支度をしている商店主の夫婦のように、まるで時間がなかった。仕事を見つけて、働いて、勉強して、地位に値するだけのことをして見せねばならなかった。四六時中、人の波間に浮んで、お笑いぐさのような必要に追い立てられ、休むことなく、前進、突っ走れ、速く、もっと速く、というぐあいだった。いま社会全体が、この常軌を逸した駆けっこにさらに拍車をかけようとしている。この喧騒と急用だらけの狂気のなかで、だれが車を降りて外国人に挨拶するだけの時間を持っているだろう？ 老年に入ったいま、私はのろい歩みと静けさに飢えている。眉墨に縁取られた眼差し、ふいにちらりと見える女のふくらはぎ、夢にひたされた霧の平原、そういうもののために私は立ち止まりたいのだ。草地にどっかりと腰を下ろし、のんびりと、パンとチーズを一切れ食べるために。そして、そういうことをしたいなら、この足で歩くこと以上にふさわしいやり方があるだろうか？ 地球上でもっとも古い移動法は、人との出会いをもたらしてくれる移動法でもある。本当を言えば、それができる唯一の移動法なのだ。箱入りの文明や温室育ちの文化には飽き飽きした。私の博物館、それは道であり、道をたどる人々であり、村の広場であり、見知らぬ人たちとテーブルを共にしながら味わう一杯のスープなのである。

「引退」して最初の年だった去年、私は世界でもっとも古い道のひとつを歩いた。パリからスペインのガリシア地方に向かうサンティアゴ・デ・コンポステラの巡礼の道である。驢馬《ろば》のように重い荷物を背負って、二千三百キロの道のりを歩き通した。歴史と物語の詰まったすばらしい道だ。私は来る日も来る日も朝早くから、千二百年にわたって信仰に支えられた何百万もの巡礼者を導いてきたその道の土《つち》埃《ぼこり》を踏みながら靴底をすりへらした。七十六日のあいだ、昔の巡礼者が通り過ぎた風景のなかに溶け込み、彼らと同じ坂道で汗をかき、彼らと同じ匂いをかぎ、彼らの靴の鋲《びょう》に磨かれて光る教会の床石を踏んだ。コンポステラの巡礼の道で、私は信仰こそ見出さなかったものの、そこから帰ったときには心は喜びに弾んでいたし、はるかに遠い昔からその道に足跡を刻んできた人々の存在がより身近に感じられた。旅が終りに近づいたころ、ガリシアのユーカリの森の香りに酔いながら、私は体力が許すかぎり、世界の道を歩く旅を続けようと心に誓った。そして、霊感に満ち、情熱的で、豊かな歴史を持っているということにかけて、シルクロードにまさる道があるだろうか？

コンポステラの巡礼の道の果てに、私は自分にとっての新しい道を見つけた。それは人間と文明の道である。こう決まったからには、シルクロードを、ヴェネツィアとかつてのビュザンティオン〔現在のイスタンブル〕から中国までたどることにしよう。この足で歩き、けっして急がない。家族や友人、それにふだんの生活からあまりに長く離れるのはいやだから、全行程を大きく区切って踏破することにしよう。毎年、三カ月か四カ月、つまり二千五百キロから三千キロを歩く。今年、一九九九年は、イスタンブルからテヘランまで行く計画を立てた。

しかし、イスタンブルでリュックを背負う前に、ヴェネツィアの空気を――たとえ黴《かび》臭くても――吸って、牡蠣《かき》の色をしたラグーナでひと息つく必要があった。明日の朝には、私は今から七百年以上前に十六歳の少年が、当時知られていた世界の果てに向かって旅立った都市にいるはずだ。その少年の名はマルコ・ポーロである。

寝台にそっともぐりこんだときには、ほかの人たちはみな眠っていた。荷物は頭のそばにある。この荷物だけが私の道連れだ。こうして私は静寂と夢の小道に分け入ろうとしている。この三カ月というもの、頭にあったのはこのことだけだった。地図、行程、装備、ビザ、本、衣服、靴……。不測の事態をできるかぎり避けられるようにした。もうずいぶん前から、昼も夜も出発の準備にかかりきりだった。

レールの上を走る車輪の単調な音を聞くうちに、私はようやく眠りに落ちる。ゆっくり、のっそり歩く何百頭もの毛のふさふさした駱駝《らくだ》を引き連れ、音もなくステップを進むキャラバンの隊列を目に浮べながら。

マルコ・ポーロの足跡いまいずこ

夜が明けかけるころ、列車はまだまどろみのなかにあるラグーナに静かに滑り込んだ。はじめは夜明けのぼんやりした光を通して、針のように突き立つ鐘楼しか見えない。やがて都市全体が私をとらえる。妖精の都市、魔女の都市、歩行者の都市、キリスト教の都市、異教の都市。この都市の偉大さは、交易と、そしてなによりも、貴族の手でじきに圧しつぶされたとはいえ、一種の民主主義を発明したことによるものだった。当時の世界は、帝国を築くには力に頼るしかないと信じていたのだから、これはきわめて重要な発明であった。

ヴェネツィアの富は、シルクロードを通してもたらされた。ビザンティンの繁栄が終りを告げた十三世紀のはじめ、ラ・セレニッシマとよばれたヴェネツィア共和国の黄金時代が幕を開ける。商人たちの蓄財欲はもはやとどまるところを知らなかった。彼らは新たな市場を開拓し、新しいルートに勢力を広げるために、神秘に彩られた中国と、豊かで、香辛料や絹織物、紙や宝石に目のない西洋とを結ぶ位置にあるというヴェネツィアの地の利を活かした。強力な艦隊が地中海の制海権を彼らにもたらした。さらに運のよいことに、六世紀後に「シルクロード」と名づけられることになる東洋への道は大きく開かれていた。チンギス・ハーンの後継者たちが布いた「パクス・モンゴリカ」のおかげで、その道の安全はよく保たれていた。年若い処女が頭に黄金の杯を載せて運んだとしても、カスピ海から朝鮮半島に至る領土を、貞操にも財宝にも危険を感じることなく旅することができたという話ではなかったろうか? アレクサンドロス大王が開き、タタール人が安全を守ったルートの上を隊商が進み、駱駝やヤクの背の積荷に隠された財宝が行き交った。

ヴェネツィアをわがものにするには、カナル・グランデをヴァポレットとよばれる水上バスに乗ってめぐるのもいいが、この街が本当の姿をさらけ出すのは、なんといっても木陰の路地を歩いて回るときである。この街の奥深くに分け入るとは、つまりは時をさかのぼることである。私は広場《ピアッツァ》にたたずみ、シルクロードが残してくれた冒険譚のうちでもごく早い時期に属し、ことのほか美しいものを思って、夢見心地になる。それはポーロ兄弟の冒険だ。一二六〇年のある朝、たぶん彼らは朽ちることのない大理石と砕けやすい煉瓦でできたこの広場を通って、船に乗ったのにちがいない。自分たちの知る世界の果てを越えて富を探しに行こうとしていたのだ。

彼らはフビライ・ハーンの宮廷に滞在し、九年後に帰国する。ふたりは自分たちの宗教がもっともすぐれたものだとモンゴル皇帝を説得していた。そこでフビライは彼らに通行証を与えたのである。彼らは故国に帰るが早いか、モンゴルの蛮族をカトリックに改宗させ、また——というより、おそらくこちらのほうが大事だったろうが——富をさらにふくらますためにふたたび出発しようとした。東方の地には驚くべき財宝が隠されていることを知っていたのだ。こうして二人の男は、一二七一年に来た道を戻ることになったが、今度はニッコロの息子で母を亡くした十六歳の少年を連れていた。はじめは海路をとり、それから馬の背に揺られ、大旅行が始まった。

三人の男がヴェネツィアに戻ったのは、二十五年もたった一二九五年のことである。それは青天の霹《へき》靂《れき》であった。彼らはとっくに死んだものと信じられ、遺産が分配されていた。おしゃべりのマルコは、一万二千キロの彼方にある国の壮麗さを物語り、人口が何百万《ミリオーネ》もあるという町々のことを話し、皇帝が何百万《ミリオーネ》枚もの金貨をくれたと自慢した。その話はあまりに途方もなく、とても信じられるようなものでなかったから、マルコはまともに相手にされず、「イル・ミリオーネ」という渾名《あだな》でからかわれた。

ヴェネツィアをそぞろ歩くと、この街が総督《ドージェ》や、ゆかりの音楽家、画家、詩人を記念するに吝《やぶさ》かでないのがわかる。ところが、マルコについてはなにもない。路地の名にも、広場の名にも、たった一枚のプレートでさえ、ヴェネツィア人のなかでいちばん有名なマルコの名前を思い出させるようなものはない。つい最近になって、この街は空港を「マルコ・ポーロ空港」と名づけることによって償いをした。

マルコとは別のやり方の旅への誘《いざな》い……。リアルト橋にほど近いマルコの住居は火事で焼け、その場所には煉瓦造りの小さく目立たない建物が建てられた。しかし、私はその建物の前の小さな広場で、東方に向かった最初期の旅人のうちでもっとも有名なマルコの跡を探してみるが、むだに終る。いや、本当のところは、よくよく見ると、それがやっと見つかった。その広場の名は……「ミリオーネ広場」というのである。

いまは五月の初め、街は観光客であふれかえっている。彼らはサンマルコ広場で鳩の群のあいだをうろつきまわっているが、この広場が見せる驚くべきバランスには、ほとんどの人が無関心である。それは、大聖堂に象徴される宗教の権力と、総督宮殿によって表される世俗の権力とのバランスである。今日、われわれの文明において、こうした二重権力にかくも調和に満ちた表現を与えることができるものだろうか？　私は大いなる旅立ちに先立つこの瞬間の幸福に酔い、頭をからっぽにしたままぶらぶらと散策をはじめた。前にもその至宝に見とれる機会のあったムゼーオ・コッレルをまわる。それから、前回の旅行では見逃してしまった海事博物館もついに見ることができた。しかし、初めて訪れたときに私をとらえたこの街の魔力は、いまの私にはもう同じだけの力を持っていない。思いはすでにステップに飛んでいるのだ。

船上の不安

「サムスン号」はトルコの大きなフェリーで、毎週、ヴェネツィアとイズミルの間を結んでいる。岸壁についたその白い巨体は、水面すれすれに築かれたこの街の屋根の上より高くそびえている。船首に大きく開いた巨大な扉は、屋根まで荷物を積み上げて岸壁に数珠つなぎになった馬力のあるドイツ車の列を呑み込んでゆく。乗っているのは故郷の村で夏を過ごすトルコ人労働者で、フランクフルトとかシュトゥットガルトのガレージに車を置いておくことなど考えない人たちだ。村に帰れば、車は成功者であることをこれ見よがしに見せつけてくれるだろう。

船室が一緒になったのは、二人のアルメニア人で、彼らはフランスで買った大きなメルセデスを二台、故郷に運ぶ途中である。三日間の旅のあいだ、二人は食事に行くとき以外、寝台から起きない。そして、洗面所の水を出しっぱなしにして、切れ目なく缶ビールを冷やしつづけている。私はおかしいと思った。車を買うのに、なぜそんな遠くまで行かなければならないのか？　隠語だらけの片言のフランス語をしゃべる若いほうの男が、あわてて叫ぶ。「かっぱらった」車の運び屋をやってるなどと勘ぐらないでほしい、とのことだ。翌日、なにかの話のついでにわかったが、この男がフランス語を覚えたのは、リールでのこと……そこの監獄のなかでだった。

船尾の甲板にしつらえられたバーの肘掛椅子に身を沈めて、私はすぐ近くのユーゴスラヴィアの岸辺に目を凝らした。コソヴォの戦乱のために、ここでも毎日惨劇が繰り返されている。夜、夕食をとっていると、ボーイが叫び声をあげた。われわれは彼の視線を追った。闇の中に長く尾を引く炎、そして柱のように立ち昇る煙……それはつい今しがたＮＡＴＯの艦船からセルビアでの殺人任務のためにミサイルが飛び立ったことを告げていた。

この船で私は、自分とおなじく白髪の冒険者である三人のフランス人に出会った。工場経営者だったルイと歯医者をしていたエリックは、ともに年金生活者である。彼らは古くからの悪友で、毎年友人の一団とともに熱帯から極北の地にいたるまで、さまざまな冒険を繰り返してきた。今年は自転車旅行で、ガヤック（アヴェロン県のルイの村）を出発して、二〇〇〇年にはエルサレムに達するはずの道のりをいくつかに区切って走っている。彼らは以前の探検旅行について、わくわくするような話をためこんでいて、いつでも話して聞かせられるし、すでに世界の半分を知っているのに、頭にあるのは残りの半分を駆けめぐることだけだ。彼らの経験談を聞いていると、私は自分自身の恐怖に向き合わざるを得なくなる。旅人はみなそうだけれど、ルイとエリックも旅行を思い出すのは、その旅行にちりばめられた試練とか破局とか事故とかを通してだけなのである。まるで旅行というのは、厄介事や苦痛でしかなく、旅人が後で苦しみをよりよく笑えるように苦しい思いをさせる、というのが旅行の独特のやり口であるかのようだ。旅行談は、ほとんどがこんなふうである。「私の旅は素晴らしかった。それが証拠に、三回も死にぞこなったよ」。数年前、エリックは足がひどく化膿《かのう》してしまったのだが、その菌をもらったのは……北極地方に向かう列車のなかでのことだった。（私は胸のなかでつぶやく。私の足は道中無事であってくれればいいんだけれど……）また別のとき、この二人の恐いもの知らずは、霧におおわれた氷河の真ん中で方向を見失い、一歩踏み出すごとにクレバスに落ちて一巻の終りになりかねない目に遭った。（私は胸のなかで、中央アジアの砂漠で道に迷った自分を想像する。断崖も、アナトリアやパミール高原でいくらでも目にするだろう。だが、違いはあって、それも小さくない違いである。私はひとり、、、なのだ。）

もう一人のイヴォンという名のフランス人は、顎《あご》の角張った小柄でがっちりとしたブルターニュ人で、貂《てん》があちこち嗅ぎまわるように、玄人っぽい目つきで船を点検して回っていた。彼は海の男で、ずっと海底油田のプラットホームで働いてきた。やはり冒険旅行をしてきたが、これからも絶対に旅を続けるつもりである。いまは全長十六メートルのヨットを受け取りにトルコに行くところだ。四十年間辛い労働に耐えたのも、自分の船で航海するという目的があってのことだったが、やっとのことで買えたそのヨットで夢を実現しようとしているのである。私は常識はずれのこの同志が気に入った。彼もまたひとり旅で、地中海を横断した後、大西洋を北上して生れ故郷のブルターニュに帰るのである。

彼らの話に誘われて、私も自分の夢を語った。歩いてイスタンブルから西安《シーアン》まで行く。西安は中華帝国の古都であり、いまから二十五年ほど前に、井戸を掘っていたなにがしさんが「兵馬俑《へいばよう》」を発見して、世界をあっと言わせたところである。イヴォンは無口なブルターニュ人らしく、私の話をなにも言わずに聞いていたが、ほかの二人は私の計画にはさすがにたまげたと言って、不安をまたまた煽り立てるのだった。彼らのような古強者でさえ私の旅を無鉄砲だと思うなら、たぶん計画を見直して控え目にすべきだろうし、のんきでうぶな子供のように、世界中の危険や犯罪に自分は負けないと思い込むのをやめなくてはなるまい……。

かつて西洋の旅人は、その多くが恵まれた家の息子たちで、あらかじめ決まっているのがふつうだった人生の道に入る前に、若者らしい血気にはやって、異国への憧れに身をまかせたものだった。彼らには自分のしたいことをするだけの時間があった。今日では寿命がのびたのに、六十歳で退職してしまうため、新しいタイプの冒険者が生れている。彼らの額には皺《しわ》がきざまれ、髪も髭《ひげ》も白い。彼らは勇敢で、忍耐強く、頑固者であり、子供のころの夢をかなえるべく、すでに動き出す用意ができている。いままでは家庭や仕事や金の心配が、夢を行動に移すことを禁じていた。退職によって、彼らは自由になるのである。

サムスン号は出会いの場所である。それと同時に、船のあちこちでひとりきりになることもできる。そういう場所で人々から離れて、私は間近に迫った孤独な長旅に思いをめぐらせた。行程については、だいたいのことはわかっている。肉体はというと、これもしっかり計画できている。しかし、この長い長い道のりのあいだ、頭は、思考はどうしたらいい？　私の思いはどんな方向に向かうのだろう？　それを導くべきだろうか、それとも勝手にさせるべきだろうか？　コンポステラに行ったときは、出発の前に思考の使い方を決めておき、こんなふうに自問自答することにした。今日の私は誰なのか？　いまあるところのおまえという人間は、いかにしてつくられたのか？　それはおまえが願ったとおりの人間か？　針路を保ってきたか、それとも夢を裏切ったのか？　道々どんな妥協をしてきたか、どんな望みを棄ててきたか？　舞台を去るまえに、どんな石を、どの壁に置くべきなのか？　この恐ろしい数学的な手順——苦しみを引き、勝利を掛け、歓びで割ると、私が存在することを検算できるというわけだ——を存在論的疑問に応用するなんてばかげているが、とにかくわれわれがなんでもかんでも方程式にあてはめてしまうという、くだらない習性の名残だったのだ……。しかし、すでにコンポステラが私を変えていた。智慧に近づくにはまだやらねばならぬことがたくさんあるにしろ、私はより軽やかに、より空っぽに、よりのびやかな気持で出発できる。

歩行は夢を運ぶ。考えを深めるには向いていない。そういうことに似合っているのは、松林の陰で、さらさらしたやわらかい砂のうえに寝ころんで昼寝をするとき、目をなかば閉じてする瞑想である。歩行は行動であり、跳躍であり、運動である。風景は気づかぬうちに変化し、雲は流れ、風向きが変り、道には水たまりがあり、麦の穂が震え、さくらんぼは赤く、刈り取られた干草の匂いや花咲くミモザの香りが漂う……精神はこういうことでたえまなく集中を求められるので、落ち着きをなくして、ばらばらになり、持続する仕事を嫌うのである。思考は、見たもの、感じたもの、嗅いだものを、蜜蜂のように集め、葡萄《ぶどう》摘みのように摘み取り、農夫のように刈り入れてたくわえておき、やがて巣に帰り着いてから、それらを選別して意味を与えるべき時が来るのを待つ。

エンジンの低く単調な音と心地よい船の揺れにさそわれて、私は気持よくうとうとしてもよさそうなものだ。ところが実際は、船上ではなにも活動できないために心にすきまがうがたれ、腹黒い不安がそのすきまを利用して、じわじわと入りこんでくる。私はとりとめない空想にふけるどころか、たぶん道々その答を見つけることになるだろう疑問がならんだ分厚い目録を、休みなくめくりつづける。たったひとりで、三カ月も四カ月も見知らぬ土地に旅立つよう私を駆り立てた力がどこから来たのかを理解できるのは、その道の果てのことなのだろうか？　私は自分がなぜ歩くのかはだいたいわかっている。わからないのは、アルプスから私の住むノルマンディーにいたるまで、道標のある、よく知られた、安全な道がいくらでもあるというのに、なぜわざわざ道に迷おうとするのかである。私は滑稽にも、逃げ去った若さを追いかけているのではあるまいか？　もし身体がこの旅を断念することになれば、少なくともこの疑問にひとつの答を出すことになるだろう。頭はしばらくのあいだ真実を隠すこともできるが、筋肉はずっと正直だ。

そして、私を待ち受ける孤独であるが、私はその暗黒の深淵と戦い、その歓びをわがものとすることができるだろうか？　そしてなによりも、私は孤独の利点をすべて引き出すことができるだろうか？　なぜなら、この孤独は逃避ではなく、自分の意思で選んだものだからだ。孤独は私がこの人生の続きを書き込んでゆく黒板である。棘のあるものにしろ、なめらかなものにしろ、私の考えを植えてゆく畑であり、それらの考えは旅から帰ってはじめて大きく花開くことだろう。

だが、かならず帰れるとだれが言えるだろう？　この冒険に乗り出すにあたって、私は死ぬことを考えないではない。つい最近まで、私は自分もいつか死ぬかもしれないと思っていた。いま、それは確信となっている。死は、この旅をやりとげるのを許してくれるだろうか？　私は、病気、事故、暴力といった危険が自分を狙っているのを知っている。連れがいれば、支え合い、助け合い、励まし合い、持ちつ持たれつでやってゆける。間違いや一時の気の弱りを容れる余地がある。順調にゆかないことがあっても、完全な失敗ではなく、かならずやり直しがきく。ところが、たったひとりで歩いてゆく場合には、取り返しのつくことはまれである。

バーの薄暗い隅の席で、あるいは舷側の手すりにひじをついて、またあるいはサムスン号の前部甲板の通気筒のそばで沖に向かって腰を下ろして、私はこうしたおぼろげな不安にあらがうことなく、それが自分の心を満たしてゆくままにさせておく。道に一歩を踏み出せば、不安はあらためて私をつかみとる好機が訪れるまで姿を消すことがわかっているからだ。そして、昔から大事の前夜につきもののこの気分の沈み込みがあまりに重たく感ぜられると、廊下や甲板を適当に歩き回り、新しい出会いをしたり、前に知り合った人たちとおしゃべりをしたりした。

日暮れになると、私たち高年期のフランス人冒険者四人組は、のんびりと肩を並べて、船がコリントス運河を通るようすに見とれた。両岸の壁は切り立ち、水路は狭く、乗客は全員甲板に出て目を見張る。

トルコ人たちは、船上にもすばやくふだんの生活習慣を持ち込んでいた。ひっきりなしにおしゃべりが交わされ、茶を入れたコップがつぎからつぎに出てくる。アルコールはごくわずかか、まったく飲まない。強い酒を好む者は、船腹にしつらえられた二つの小さなバーに逃げ込んだ。アルコールを味わうには、小さな丸窓をとおして入り込むわずかな光のなかのほうがよい。

この船に歩きで乗っている者はごく少なく、私はそのひとりである。乗客はみな、一人であれ家族であれ、車とともにサムスン号に乗り込んでいる。休暇で夫の故郷の村に行くトルコ人とスイス人のカップルと長いおしゃべりをした。もう退職した夫は、スイスの工科大学を出た後、技師としての職業生活のあいだ、橋や道路を造ってスイスのフランス語圏の風景を醜く変えてきた。しかし、村への愛着は子供時代から変りなく強い。ふたりはスイスで暮しているが、毎年夏に村に帰らないことはない。

一族とともにパリの近くで衣料会社を設立した若き実業家のヤルップは、車を故国に持って行くところである。フランスでの競争は熾烈なので、工場はトルコに造り直した。もちろん故郷の村である。「あっちなら、フランスの一人分の給料で、十人の給料が払えるんです」と彼は言う。彼は飛行機でパリに帰るのだが、それは仕事のためであり、また一族に再会するためで、その一族というのが、いわば村を再現したところに暮している。というのは、みんないっしょにいられるように、兄弟、従兄弟そろって、おなじマンションに部屋を買い、そのマンションは地下室から屋根裏部屋まで全部が一族のものなのである。

出発前夜

イズミルで、イヴォン、エリック、ルイ、それに私は、たがいの幸運を祈り合った。私はその夜のうちにバスに乗って、早朝にはイスタンブルの商業地区であるタクシム広場に降り立った。そして、パリで口座を開いておいたトルコの銀行にちょっと寄った。なかに入ると、カウンターの女の子たちがひじをつつき合って、笑いをこらえている。彼女らはみな、シルクロードを徒歩で踏破すると見得を切っている、ちょっといかれたフランス人のことを知っているのである。私が盗難に遭うことはおおいにありうる。用心のため、大金を持ってゆきたくはない。私は、大きな町にある自動支払い機でトルコリラを引き出せるプラスチックのカードをもらった。銀行の店長のジャンとその補佐のメフメットは、ふたりともイスタンブルのフランス語学校で覚えたフランス語をしゃべる。彼らは私の計画に驚き、とにかく心配してくれる。玄関先で私の手を握りながら、「たくさんの幸運が必要でしょうね」とジャンは言った。この言葉を、私は道々何度も思い出すことになった。

私は広場を横切って、自分のことを届け出るために、すぐ近くにあるフランス領事館に行った。十分ありうることだと思うが、もし私の身に厄介が生じたら、トルコにおけるフランスの当局者は、少なくとも私が何者であり、トルコでなにをやっていたのか知ることになるだろう。役所に入ったときから安定した身分を得て、ぬくぬくとしてきた公務員の性質といわれる小心さのせいか、はたまた彼らが処理に当たらなくてはならない事件のせいで条件反応を起こすようになってしまったのか、私にはわからないが、領事館の職員たちは、あらゆる破局の予想を容赦なく浴びせかけてくる。彼らの説明では、いたるところに危険が待ちかまえているのである。彼らの言うとおりなら、足を踏み入れても安全な場所は、トルコ南部の非常に観光地化した海岸地帯かカッパドキアだけである。そして、私の冒す危険をひとつひとつ挙げてゆくのだった。トルコでは車の運転者たちは、まぎれもなく歩行者にとっての脅威である。泥棒もいれば、PKK（マルクス・レーニン主義のクルド労働者党）のゲリラも銃をかまえて待ち伏せしている。そのほかにも、トルコ東部には恐るべき牧羊犬、カンガルがいる。もしこういう警告を真に受けるとしたら、私はすぐさまサムスン号に戻って、来た道を引き返すだろう。ヴェネツィアで危険があるとすれば、一杯のカプチーノに地元価格より高く払わされるくらいのことである。

イスタンブルに来たのは、このときが二度目だ。今年のはじめ、私はシルクロードについていくらか研究し、アナトリア研究センター所長のステファヌ・イェラシモスに会った。マルコ・ポーロの『世界の叙述』〔東方見聞録〕やイブン・バットゥータの『旅行記』をはじめ、シルクロードについてのいくつかの著作が、彼の手によって再編集され、注釈を加えられたうえで紹介されている。彼はまた、ジャン＝バティスト・タヴェルニエの回想記二巻の編集にも当たった。タヴェルニエは、フランス人の宝石商で、十七世紀、トルコとペルシャを旅行したさいに、克明な日記をつけていた。彼は、宿泊した町やキャラバンサライ〔隊商宿〕について綿密な記録を残している。私はエルズルムまで、彼がもっとも詳細に記述したキャラバン・ルートのひとつをたどるつもりである。この道は、東洋との通商では主要な経路だったが、イスタンブルから、エルズルムを経由して、アルメニアまでまっすぐ東に進んだ後、ペルシャのタブリーズをめざして真南に向かうものである。タブリーズからは、一本の道が枝分かれして、バグダードにいたる。もう一本の道は、カスピ海の南岸に沿って進んだ後、北上してブハラ、サマルカンドを通り、中国にいたる。私が来年踏破しようと考えているのは、この部分である。

大いなる出発を前にして、私は自分に二十四時間の猶予を与えた。出発へのはずみをつけるためか、街を見てまわるためか？　それはよくわからない。今日のイスタンブルは、人口千三百万人の巨大都市である。国の経済と文化の首都であるが、政治上の首都という主役の座は、しぶしぶアンカラに譲った。しかし、昔も今も、トルコの都市のなかでもっともヨーロッパ的なところである。いまは五月のはじめ、天気は暖かいが、雨がよく降る。昼食は、ベイオール地区のガラタサライにある小さなモスクに面した「ラデス」というレストランでとった。それはその後の旅を通じて繰り返したことのリハーサルになる。なにには措いても、コックたちが忙しく立ち働く厨房をぐるっとまわってみるに限るのである。トルコ語を話す必要もなければ、料理の名前を知っている必要もない。いつも私を魅了してやまないメゼ〔前菜〕の温かいのと冷たいのを何種類か盛り合わせたもの、それからやはり私の大好物で、ちょうどよいぐあいに漬かっているように見える茄子を、食いしん坊らしく指でさすだけである。料理は、テーブルにつくが早いか運ばれる。トルコ人はいろいろな煮込み料理（エトリ・セブゼ。文字通りには「肉入り野菜」）をつくっておき、すばらしい料理と非常に迅速なサービスとをうまく組み合せているのである。

昼食の後、旧市街を歩く。多く見ても三百キロしか歩いていないにちがいない新しい靴の「はきつぶし」を終えなくてはいけない。領事館では、女の秘書から、完璧なフランス語を話す若者たちで、捕まえることができないのだが、とくに一人旅の旅行者をカモにする者がいるから用心するようにと言われた。彼らは、道や公共の交通機関のなかで話しかけてきて、仲よくなる。そして、薬を入れた飲物や菓子をカモにふるまう。カモはすぐに眠りこけ、目が覚めたときには、持物をすっかり奪われているというわけだ。この薬入りの飲物という手口は、目新しいものではない。シルクロードでは、強盗が商人から金品を奪うためにしばしば使った手口である。いちばんよく使われた薬は、タランチュラの毒でつくったもので、商人たちは二度と目を覚まさなかったのである。

バザールの裏側のごちゃごちゃした町では、怪しげな衛生状態のなかで貧しい人々が暮しているが、ここなら旅行者にも、旅行者を襲う強盗にも遭う危険がない。オスマン帝国様式の古い木造家屋の修復にやっと手がつけられているが、それは当然やるべきことだ。いままではトプカプ宮殿のような歴史的建造物か宗教建築しか修復の恩恵を受けてこなかった。イスタンブル、より正確にいえばコンスタンティノープルは、シルクロードを独占的に支配していたのでなく、その一部にすぎなかった。そこはいわば物資の集散地と通行税の徴収所を兼ねた都市であった。一方、ビュザンティオンは、地中海沿岸のすべての都市を政治的に支配し、アンティオキアからアレクサンドリアにいたるまで、それぞれの都市がキャラバン・ルートの出発点となっていた。シルクロードは、たったひとつではなく、いくつもあったのである。

私は友人たちにもいくらか時間を割くことができた。ディララとラビアは、イスタンブルのフランス語学校で学んだ若い女性たちで、われわれの言語を、rをうっとりするような巻き舌で発音しながらしゃべる。パリ出身の音楽家であるマックスは、東洋の楽器、とくにサズの研究と演奏のためにイスタンブルにやってきた。この地に二年滞在したいま、フランスへの帰国をなかなか考えられないでいる。われわれ四人で囲む夕食は、私にとっては合戦前夜のような趣をもっている。冒険と長距離ウォーカーの孤独〔アラン・シリトーの小説『長距離ランナーの孤独』にかける〕に飛び込む前に友情にひたれるのもこれで最後だ。話は、私の旅以外のあらゆることに及ぶ。出発をかくも間近にひかえ、すでに賽は投げられていま、友人たちがほかの話題を選んでくれたことをありがたく思う。しかも、ラビアがイスタンブルに来て働いているフランス人のレミと結婚するつもりだと発表したのだ。彼らが結婚を急げば、私は結婚式に出られないだろう。

五月十三日から十四日にかけてのこの夜、私はほとんど眠れず、ほんの少しうとうとしただけだ。夜明けとともにベッドを飛び出るのに目覚まし時計は必要ない。ボスポラス海峡と金角湾にようやく日が昇りかけるころ、私はザックを背負って、人気のないイスタンブルの路地を急ぐ。イスタンブルのシャンゼリゼにあたるイスティクラル通りと港を結ぶ坂道を駆けるように下る。その途中、有名な湾を見下ろす古風なガラタ塔に挨拶を送る。そして、もうじきボスポラス海峡を渡り、トルコのヨーロッパ岸からオリエント岸に行く船の乗船埠頭に着く。船を降りると、そこはアジアであり、私の旅のゼロ・キロメートル地点だ。テヘランに入るまでには、三千キロに少し欠ける距離を歩きとおさなくてはならない。

木こり哲学者　II

アジアへ

ボスポラス海峡の両岸を結ぶ小さなフェリー、スアーディエ号は、ヨーロッパ岸を離れると、漁船の一団のあいだを高速で進んだ。この時間の乗客は数えるほどだ。太った男が、気持よさそうに三重顎に顔をうずめ、十分間の横断航海を利用して眠り納めをしている。日の光は、霧を通り抜けるのにいささか難渋している。しだいに遠ざかるヨーロッパ岸では、小島のように散らばる緑が、この町のいたるところに襲いかかる野放途な都市化の波をまぬがれている。スタンブルとよばれていた時代のこの町を熱狂的に愛したピエール・ロティは、近代的な巨大密集都市と化したいまの姿をおそらくよしとはしないだろう。

空中には、ふたつの大陸を結ぶ巨大な吊橋がかかり、そのうえで蟻の群のような車とトラックが行列している。この橋は歩行者の通行が禁止されているので、足を濡らさずにはヨーロッパからアジアに歩いて渡ることはできない。その理由は、公式には、人生に絶望して、橋の欄干を乗り越えてボスポラス海峡に身を投げた人が何人かいたからだ、ということになっている。実際は、橋の両端に駐屯する軍隊が、このトルコ近代化のシンボルがクルド人の破壊工作の標的になるのを恐れているのである。

フェリーがウスキュダルに接岸して、対岸を見ると、モスクや壮麗なトプカプ宮殿は霧に溶けてしまっている。ウスキュダル地区は、広大な長距離バスの発着所である。それは昔から続いているだけのことであって、この地区はずっと旅のためにあるのだ。実際、はるか遠い昔から二十世紀初めにいたるまで、中央アジアに向かうキャラバンはウスキュダルに集まった。キャラバンの隊長は、十分な数の商人と家畜——ふつう八百頭から千頭の家畜と人間が百人ばかり——がそろい、自分の仕事の儲けと隊の安全が確保されたと判断すると、出発の合図を送った。

それで、私は徒歩の旅の出発点をここにすることに決めたが、ただのっけから古いキャラバン・ルートに不義理をするのもしかたのないことと考えた。イスタンブルのアジア岸にあるこの郊外地区を出発し、マルマラ海に沿って東進してアダパザルに至る古代の駱駝道は、二十世紀初頭に大きな街道となり、さらに高速道路に変っているのである。私は、エンジンの騒音と排気ガスの悪臭のなかでこの徒歩旅行を始める気になれないので、ボスポラス海峡を北上する迂回路を選んだ。私の望みは、キャラバン・ルートをたどることだが、いうまでもなくそれは、線としての道でなく、道の精神を尊重したものでなくてはならない。私は地理学者や歴史家のふりをするつもりはさらさらない。私はむしろ、先に進むにつれ、駱駝引きや商人たちの考え方や感じ方、それに彼らの日常の一部をなしていた危険までも共有できるようになればよいと思っている。そのうえ私には、細い道のかつての利用者たちのもっていた雰囲気、伝統、生活様式により近づけるのは、都市ではなく村だという確信がある。それゆえ私は幹線道路を避けようと決心した。そうはいっても、伝統的な宿駅にはかならず立ち寄って、古《いにしえ》の道の跡、とくに人間と商品と家畜を迎え入れ、休息と食物と安全を提供した宿であるキャラバンサライを探すつもりだ。

いざ出発！

残念無念南無三宝、ボスポラス海峡——黒海をマルマラ海につなぐ一種の細い運河——に沿う道は高速道路ではないものの、交通量はそれに匹敵した。私はすぐさま危険に巻き込まれる。トルコの運転者は怒り狂える人たちだ。全速力で突っ走る、やたらに身振りをする、クラクションを鳴らす、道路に穴ぼこがあれば、それを避けるためにジグザグ運転をする、穴ぼこがなくても、とにかくジグザグ運転をする、というわけで、彼らは絶えざる脅威なのである。これは、あるコンセンサスの結果である。この国で歩行者が生き残れるのは、ハンドルを握る者が、いかなる場合も優先権を持つことをいさぎよく認めたからにほかならない。私は昨晩、イスタンブルで、ひとりの老人が車にはねられるのを見た。車の運転者が口をきわめて被害者をののしるのに、被害者のほうはそれに文句を言わない。それがふつうなのだ。車は王様なのだから、悪いのはいつでも歩行者のほうである。たしかに街路は歩行者のための場所ではない。しかし、イスタンブルの歩道は狭くて歩きにくく、やはり歩行者の場所でない。では、どこに身を置けばいい？

私はとりあえず、危険を正面に見据えられるように車と逆向きに歩くことに決めた。欄干のようになったところをちょこちょこと進む。下では海峡の波がぴちゃぴちゃと寄せてくる。車がぶつかってきそうになったら、水のなかに飛び込もうと覚悟を決めた。トラックと乗用車がすれすれのところをかすめ、けたたましい警笛を鳴らしてゆく。ふたつある吊橋の下を歩いて通ることは不可能だ。最初のアーチは軍用地帯である。鉄条網と、突撃銃を胸にたすきにかけ、引金に指を添えた石のような表情の兵士たちが見張りをしている。「撮影禁止」と立札が布告を発している。こうした戦争のイメージは、この先、千回も目にすることになるだろう。ところどころで道は岸辺を少し離れる。そういうところでは岸にそって立派な家が、塀と、長歩きをする者ならだれでも翻訳の必要なしにその意味がわかる「猛犬注意」の立札にまもられて並んでいる。ここの家々の住人は耳が遠いにちがいない。なにしろ車のエンジンの騒音ときたら、耐えがたいほどなのだ。乗用車やトラックに包囲され、おびやかされつづけた私に、風景を鑑賞する余裕はない。一日目のこの日、私は順調に動く足と、リュックサックの負い紐がこすれて痛みはじめた肩に注意を払いながら、ゆっくりと歩いている。肩の痛みはあたりまえで、予期したことだ。私の皮がなめされないといけないのだ。

私が運ぶ荷物は、たしかに少し重すぎる。パリでは、荷物を減らそうと何度も見直しをした。しかし、容れ物そのものが二キロ半あり、さらに三キロ近い本、資料、地図を持って行こうとすると、どうやって軽くできるだろうか？　その他のものは取るに足らない。身に着けている服のほかには、替えのTシャツ二枚、パンツ一枚、靴下一足、それに暑さを考えて選んだ薄くて軽いズボン一着がザックに入っている。このズボンは、後で手遅れになってから気がつくのだが、少し透けて見えるばかりか、汗で濡れると完全に透けてしまうことがわかった。だから、夜のあいだ、宿ではくだけになってしまった。このほかには、寝袋とビバークザック、サバイバルシートがある。ポケットナイフ、歯ブラシ、超軽量カメラ、こうしたものを私はザックの口を締める前に、二度ずつ手にのせて重さを思案した。しかし、十二キロを下回ることはできず、さらにそこに二リットル入りの水筒の水と、パン、チーズ、果物、という最低限の食料が加わる。全部で十五キロである。

ボスポラス海峡の水面を貨物船が汽笛を鳴らしながら切り裂いてゆく。対岸では、町の古い城壁がよい状態で保存されている。しかし、海峡——その名は、「牝牛の渡し」という意味——の眺めは、展望を妨げるふたつの吊橋と高圧電線によってそこなわれている。

十五キロほど歩いた後、私は右に曲がって、パシャバフチェという村に入らねばならない。ところが、どこを探しても、立札も標識もない。行き先を示すものもなければ、町や村の名を示すものもない。こうなると、地元の住民の情報に頼るしかない。十三時、歩を止めて、はじめての「ロカンタ」とよばれる大衆食堂に入る。通訳をしてくれるイスタンブルっ子の友人がいないので、はじめてのトルコ語会話に挑戦。結果は上出来とはいいかねたようだ。というのは、店の主人が身振りで私をさえぎり、皿洗いを探しに行ったからである。スーツに申し分のない白いワイシャツ、そしてネクタイをきっちりと身に着けて皿を洗っていたのは、ごく小柄な男である。彼は英語で、アルバニアで数学教師をしていた、と言う。彼の願いはフランスに移住することだったが、ビザは発給してもらえなかった。ここで皿洗いをやっていれば、自分の国で教師をやるよりずっと金が稼げる。主人が出してくれた茶の後——トルコでは食事の後の茶は絶対に料金を取られない——、私はふたたび歩きはじめた。

大事な試合の前にたいていのスポーツ選手がするように、私は自分の体に注意を集中している。肋間《ろっかん》にかすかな痛みがあり、膝も少し痛く、足がつったため、不安になる。こういう現象はむしろ、好調であることの証拠だとよく知っているのだけれども。サムスン号では、ほぼ毎日、足の調子を点検した。すべて完璧だった。しかし、そうはいっても安心はできない。数時間歩いた後で、また出発したいま、私は依然として警戒態勢にあり、肉体から、とくに歩行の元手である足から発せられるかもしれないどんな小さな疲労の兆しにも絶えず注意を払いつづけている。私はパリで地図の上の自分を動かしてみながら、最初の何日かは無理をせずに短い行程で行こうと計画した。今日の午後に稼がねばならない距離は、あと六、七キロである。二十二キロ地点のギュミュシュスユで泊まるつもりにしているからだ。一日目としては、それが妥当なところだろう。

それにしても、くだんの右に行く道はどこにあるのだろう？　ぶらぶら歩いている二人連れに聞いてみると、とても愛想よく、その道まで連れて行ってくれると言う。彼らに五百メートルついて行ったその先は……バスの停留所だった。もちろん私は村の道を尋ねたのであって、バスのことを聞いたのではない。しかし、彼らには、私がこの先の七キロを歩いて行きたいのだ、ということがどうしてものみこめない。私はちょっと挑発する気になり、下手なトルコ語で、私の最終目的地はテヘランだと言った。彼らは唖然とした。呆れかえって頭を振るばかりなのが、私の語彙が貧弱なせいなのか、この計画を発表してしまったせいなのかよくわからない。それで、さきほど言ったことを別の言い方で言ってみると、今度は間違いなく彼らも意味がわかったと思う。自分たちが気違いを相手にしているのだと信じきっている。彼らの目には、憐れみと警戒心がたっぷりと混じった、はなはだしい不信感が浮んでいたので、私はこれ以後、自分の企てを軽々しく口にすることを控えるようになる。ふたりの視線が背中に重くのしかかるのを覚えながら、私はその場を離れた。

ほとんど先に進めないまま、私はどうどうめぐりを続けた。道を尋ねた人たちは、だれひとりギュミュシュスユ村を知らない。私はパリの郊外でした探検のことを思い出した。いまだかつて、だれひとり知っていたことのないレピュブリック通りとかプレジダン・ファリエール通りを探しまわったときのことだ。私の平均速度はどんどん落ちてゆく。しかし、ついに道がみつかった。それはガラス瓶製造工場と倉庫のあいだを通っている。この道は、溝のようになったボスポラス海峡から外に出ようとして、急勾配の上りになっている。坂道の途中で、私は万歩計をなくしたのに気がついた。しかたがない。これからは、歩いた距離は自分で見積りしよう。それに、万歩計のチクタクという小さな音は、自然の真ん中にいるときは気にさわるものだった。しかも、おそらく正しく調整されていなかったためだろうが、あまり正確とはいえなかった。絶対に必要なものではないのだから、私はこのさい万歩計に「余計者」と宣告を下した。

道のそこここで、何百もの個人住宅が建設中である。塀や鉄柵でまもられた家々は、アメリカやアフリカで恵まれた人々を下々の者どもから護る目的でつくられる要塞化した村、つまり一種の逆ゲットー——金持のための小島——に似た「コンパウンド」を形成している。外国と同様、ここでも入口は警備員のいる見張り小屋でまもられている。警備員たちの制服は、色も形も警察の制服に似せてあり、これは邪魔者を威圧するためである。丘のうえのずっと高いところには、じきに庶民を迎え入れることになるだろう高層建築や横に長い集合住宅のコンクリートの骨格が浮び上がっている。現在、イスタンブルの市街地とその近郊を合せると千三百万人の人口があるが、今後、さらにふくれあがるだろうから、開発業者は笑いが止まらないのである。

あちらこちらで一戸建ての住宅が未完成のままになっている。所有者はふつう一階か二階に住んでいる。その上は、壁の工事にやっと手がつけられたくらいで、コンクリートの柱から伸びた錆だらけの鉄筋が空を突き刺している。後でわかったが、これはわざとそうしているのである。家にかかる税金は、家が完成しないかぎり払わなくてよい。それで、いつまでも建築中のままにしておくわけである。

私は長い坂道をのぼりつめた。ボスポラス海峡はもう見えない。頂上の道端で、小柄な老人とその妻が「ビュッフェ」をやっている。ささやかな店で、四本の木の杭にビニールシートを張っただけである。冷たい飲物をしまった冷蔵庫は、そばにある電柱から二本の電線で盗んでくる電気でまかなわれている。

私は生れてはじめてコカ・コーラを飲んだ。冷蔵庫にそれしかなく、二リットル入りの私の水筒がからっぽの場合、ほかにしようがあるだろうか？　十五時三十分、ギュミュシュスユに到着。村にホテルはない。村の人は、ここから十キロのポロネズという大きな村にホテルがあると請け合う。疲労はまったく感じないので、ポロネズでも結構だ。

トルコのポーランド人村

最初の日から実例ができてしまったが、これが旅行の準備段階で出会った困難のひとつである。私は地図を見ながら、進むべき距離、高度、興味深い歴史がありそうな場所を考慮しつつ理論上の行程を計画した。しかし、トルコの村々にはホテルの設備などまったくないのはわかっている。例外は、幹線道路に沿ってごくごくまばらに、車の旅行者用の宿があるだけである。村から村への旅を選んだからには、私はあらかじめ、毎日のように予測しがたいことが起きるのを覚悟しなければならない。それは前からわかっていることだ。

人家はますますまれになり、薄暗い樅《もみ》の森に入ってゆくが、しだいに樅よりは陽気な楢《なら》の森が取ってかわる。道はまっすぐに東につづき、頂きから広大な緑の海を見渡す丘をいくつか越える。ポロネズに着くと、私は十字架をのせた門を前にしてわが目を疑った。イスラムの地にキリスト教の十字架？　そこは墓地で、入口には錠がかかっている。「ポルスカ」というホテルはいっぱいだったが、現金と引き換えに旅人に宿を提供する家が何軒かある。

ブロンドで翡翠のような眼をした若い女性のクリシャは、「ロラ・パンション」を経営しており、一泊二食で千万トルコリラということだ。正直に言って、私は五百万札を扱うと、いまだにドキドキする。しかし、一杯のコーヒーが四十万リラするこの国では、ずいぶん前から続く二桁のインフレ率のせいで生れたこういうとんでもない数字にじきに慣れるものだ。千万リラは、百六十フランス・フランというわずかな額にすぎない（当時は旧トルコリラ。二〇〇五年の通貨改定により、それまでの百万トルコリラが一トルコリラとなった）。この第一日、私は三十二キロ歩いた。当初の歩行計画より十キロ多くなった。私はぼんやりとした疲労を覚えている。だが、それをふっ飛ばすために夜がある。

クリシャの首には金の十字架が輝いている。彼女はスカーフを着けず、軽やかな衣服は、ほどほどに胸が開いている。トルコでの旅を通じて、これほど自由な装いをした女性を目にすることは、以後一度もなかった。彼女はトルコ語を話すが、ここの住民のほとんど全員がそうであるように、母語はポーランド語である。彼女は自分の町の歴史を語ってくれた。一八四二年、スルタンのアブドゥルメジドは、ロシアとの戦争の後、ポーランド人の一団に、イスタンブルの町の支配下にあったここの森に村を建設する権利を与えた。百年以上にわたって、彼らは林業を営みながら、外部との接触を断って、故郷の思い出とともに生きることになる。「ポルスカ」ホテルのほかにも、この村のほとんどの店がポーランド語の名前をつけられている。かつてはすべての住民がカトリックで、先祖の言語を話していた。十五年ほど前から、イスラム教徒のトルコ人がここに住みつきはじめた。ポーランド人は、自分たちの宗教にしたがって生きる権利を確保した。教会もある。しかし、義務教育が始まって以来、村の学校で教えられるのはトルコ語だけである。

ベッドは快適で、トルコ・ポーランド風の朝食はたっぷりだ。パン、トマト、キュウリ、固ゆで卵、そしてすごくしょっぱいフレッシュチーズ。こうした食事に添えられる飲物は、チューリップ形の小さなグラスに入れて出される茶である。私はすでに、トルコ人が信じられないくらいの量を飲む茶を、どうやっていれるか見る機会があった。ここでもクリシャが茶をいれてくれるところを観察する。彼女が使うのは、チャイダンルクという、上下二層になったティーポットで、その原理はサモワールとおなじである。大きいほうの下の容器には、煮立った湯が入っている。デムリクとよばれる上の容器には、大量の茶葉とごく少量の水が入っている。こうして茶は、大きな容器の蒸気によって適温が保たれる。ふたつの容器を巧みに操って、好みの濃さの茶にするわけだが、ひとこと注意しておくと、これにはたいへんな技が要る。茶は時と場所を問わずに飲まれる。だからティーポットは、日の出から人が眠りにつくときまで、火を離れることがない。

日が昇ってずいぶんたってから、私はクリシャのもとを離れた。胸がちょっと締めつけられる。あたたかく迎えてくれたところを去るのは、私にとっていつも辛いことだ。かつて、私に先駆けてこの道を旅した商人たちのことを想ってみる。彼らは、私のように心を乱したりはしなかった。彼らには、一日一日の旅の中身などどうでもよかった。目的地に着いて、商売で大きな利益を上げたら、できるだけ早く、無事に帰ることだけが、彼らの関心事だった。

歩きの苦楽

二日目の行程は難儀なものになるだろうか？　昨日のキロ数のせいで筋肉がぐったりしている。しかし、空はまばゆく、筋肉はたちまちあたたまる。榗の繁る丘の連なりを、まるで一本の剣が切り裂いたかのようにまっすぐに続く道を、私は元気よく歩きはじめる。やはり用心のために、道の左側を歩くことにするが、昨日よりは交通量が少ない。乗用車は大型トラックよりずっと少ないが、両側に木々の壁がつづくこの道では音がこもり、遠くからでも来るのがわかる。運転者たちは、この歩行者、それも驢馬のように重い荷物を背負った歩行者を目にすると、驚きを表す。たいていはスピードを落とし、大袈裟な身振りをするのだが、この身振りは私の解釈では親愛の印であり、私もそれにこたえる。数は少ないが、片手を偉そうに振って、私にもっと道の端っこを歩くよう促す人もいて、この人たちはおのが領土に歩行者風情が侵入するのを見るのが我慢ならない怒りんぼなのである。彼らは金輪際、車を道の端から遠ざけようとしない。十トンか二十トンもある機械に刃向かう気はしないから、私は礼儀正しく身を遠ざける。この一日をとおして、私とおなじ方向に行くトラックが数台、速度を落として、乗せてやるぞ、という合図をした。二台の自家用車は、わざわざ停まって、乗るように招いてくれた。どちらにたいしても、私はほほえみを浮べて、誘いを断った。この道を一歩一歩踏みしめるという、何カ月も夢見てきた歓びに背を向けるなんてことはできるはずがない。馬に乗った三人の男とすれちがう。すこし先では、白い口髭と黒い帽子の年老いた農民が、息子が誇らしげに引く小さな荷車の座席にちょこなんとおさまって、道を進んで行く。私たちは挨拶を交わす、私たち、のろのろ、ぶらぶら、のんびりと行く者は。父と子は明らかに好奇心でうずうずしていたが、車を停めて、私を質問攻めにする勇気がない。私のほうは、トルコ語があまりに貧弱なので、ここのところは話をするのをやめておく。

二時間歩くと、筋肉は十分にあたたまり、気にならなくなった。が、腿から尻にかけてがこすれて、ひりひりする。ついてはいけないところに、脂肪がまだつきすぎているのである。私はこれまでいつも、自分の体に課した条件には、体がみずから適応するのにまかせてきたし、あまり大袈裟に騒ぐことなく苦しみに耐えることができる。何キロか肉が落ち、さらに何キロか歩けば、私の皮膚はひとりでに固くなるだろう。もちろん、最初の一週間は辛いものになると予期している。その後は、最初の数日の試練を経た体が、だんだん慣れてゆくだろう。強行軍でいちばん働かされるのは筋肉だが、これから耐えてほしいと思う苦労には、まだ十分には準備ができていない。靴をつけた足、ザックに痛めつけられた肩、腰、背中、そして腿や尻は、気にならなくなるまでには、まずとにかく苦しまねばならない。昨日のような日は、一日で約四万五千歩になり、それとおなじだけ皮膚がこすられる。われわれのように動かない生活をしていると、皮膚はこうした試練にたいしてただちに用意ができるわけではない。私の皮膚も、一度は参った、といわねばならないだろう。歩くことの幸福は、恵んでもらえるわけではない。それは勝ち取るものであり、そのためには単純な規則を尊重しなくてはならない。人間の体は、はじめはなにも知らない。それゆえ、できるだけゆっくりと、骨折りに慣れるように体を訓練しなくてはいけない。急ぎすぎると、痛みや凝りや怪我につながり、仕事が毎日あるだけに、回復にはいっそう時間がかかる。訓練の進度を決めるものは、われわれのうちに、筋繊維の一本一本に、関節のひとつひとつにある。しかし、われわれの体は、はじめのうちはひ弱であるにしても、弱いままでは放っておかない。体は、めそめそ泣いたりせず、力を取り戻し、やるべきことをやる。どこそこの筋肉がいじけてる、縮こまってる、ひもじいだって？　体はその筋肉に栄養を与え、しなやかにし、酸素を供給して、バランスを取り戻させる。この状態はあるとき不意に訪れるが、そのときこそ開花のとき、肉体の歓びのときである。長歩きは調和を生み出し、定着させる。

パリで立てた計画では、二日目は十八キロの気軽な散歩をしたあと、サルプナルという村に泊まるはずだった。しかし、前の日に十キロよけいに歩いたので、時間が繰り上がってしまい、正午には村に着いてしまった。村の出口で、楢の木の下にテーブルを据えたレストランに目がとまる。真っ赤におこった炭火から見て、うまい串焼き肉にありつけそうだ。私は中に入って、席に着こうとしたが、私を尋常ならざるものと見た主人に引き止められ、ほかの客からずっと離れた席に連れて行かれる。

たしかに、私は赤いリュックサックを背負い、頭にはつばの広い青い布の帽子、上着はあれこれ物を詰め込んでいるために形が崩れ、下はたっぷりしたポケットつきの半ズボンという出立ちであるから、控えめに見ても、ふつうとはいえない風体である。こういう私のエキゾチックな恰好は、だらしのない服装に厳しい国にあってはほとんど破廉恥といっていいくらいだが、手には杖を持っているものだから、ますます異様に見えるのである。それは昨日、森に入ってすぐに榛《はしばみ》の木を切って作ったものだ。歩行の助けというよりは、徒歩旅行者の脅威である犬から身を護るためである。トルコでは、羊飼いが狼や熊から羊の群を護るために使うカンガルという獰猛な犬の話をずいぶん聞かされたのである。この戸外のレストランでテーブルについている客たちは、みなユニフォームを着ているように見える。地味な色のズボンに白いワイシャツ、そしてたいていはネクタイをしている。とくに元気のいい人たちは、まだ足踏みしている夏を先取りし、今日の明るい日射しをさいわい、半袖のワイシャツを着ている。この小さな世界は、それがあるべきとおりに、すべてが型通りで、正常である。だれもが隣にある駐車場の日陰に車を駐めている。私は車を持っていないので、好奇の目で私をじろじろ見る人もいれば、非難がましい目で見る人もいる。

ちょうどよく焼けた羊のあばら肉を食べ終るころ、態度を和らげた主人がおしゃべりをしに来た。主人が私をしつこく観察している客たちと話をしていたのは知っていた。きっと私のことでいろいろと聞かれたので、彼らの好奇心を満足させたいのである。私は主人がする質問がさっぱりわからないと言って、さきほど受けた侮辱の借りを返してやり、おかげで胸がすっとする。実際は、「ネレデン?」(どこから?)とか「ネレイィェ?」(どこへ?)とかいう語は、はっきり聞き取れた。けれども主人は、私がどこから来たかも、どこへ行くのかも教えてもらえないのだ。それから、私はトルコ語の能力を取り戻し、地図の上で示した村々にホテルがあるかどうか尋ねる。「ああ、キョミュルリュクにあるとも」と主人は言う。

私は満足して荷物を背負い、七、八キロにわたって歩いたイスタンブル−シレ街道からここで離れる。標識はないけれど、東に向かって森のなかに消える細い土の道をすぐにみつける。草の生えた目立たない場所があったので、そこで一服とする。ザックを下ろしてほっとしたが、これは負い紐が肩に食い込んでいたばかりか、汗をかいたため、腰に結んだザックの幅広のベルトがこすれて、痛くてたまらなかったからである。昼食の前に感じていたヒリヒリ感は、休憩のあいだに筋肉が冷えて、よりはっきりした痛みに変っている。ざっと調べてみると、皮がむけていることがわかる。皮膚は赤く、うめき声をあげている。一時間ほど昼寝してから、ふたたび歩きはじめる。腰が痛いが、負い紐を調整して、痛いところがこすれないようにする。

軍隊との遭遇

薄暗い灌木の海を見下ろす丘を下っていると、下のほうの脇道から突然、軍のジープが現れた。それは右手の道に曲がって行くかに思われたが、不意に停まった。乗っている人たちの顔がこちらを向いているのが見える。ここ数カ月に読んだこと、人から聞いたこと、それにイスタンブルを出るときに目にした数多くの軍用地や兵舎、そのどれもが、トルコ軍は非常に強大で、どこにでもいる、という見方の裏づけとなっている。いくつかのルートについては軍に通行を禁止されたり、頻繁に検問に遭ったりすることもありうる、と聞かされてきた。

ジープのエンジンが止まった。助手席の男が降りて、車の前のボンネットの右側に立ったが、こちらから目を離そうとしない。両腕の位置から見て、銃を私に向けているのだと思われる。おそらく指は引金にかけているのだろう。こちらがおかしな動きをすれば、自動小銃をほんのちょっと持ち上げるだけで、照準を合せられる。私はできるだけリラックスした風に見えるよう努力するが、そのためにかえってぎごちなくなっているにちがいない。彼らは六人で、顔が緊張にこわばっている。私は笑みを浮かべてみたが、それはひきつっていたことだろう。少しずつ道の反対側に進み、兵隊たちから離れたところを通りすぎようとすると、運転手の後ろに坐っていたひとりがドアを開けて、こちらに来い、と合図をする。彼はただひとりヘルメットをかぶっておらず、これ見よがしにベルトにピストルを差している。全員が迷彩服である。手には自動小銃か突撃銃を持っている。私はまた道の反対側に渡った。氷のような表情の指揮官が、「キムリク」（身分証明書）と命令口調で言い、明らかに私は外国人であったから、より国際的な「パサポルト」という言葉を付け加える。私はポケットから書類を取り出し、彼に差し出す。

兵隊のひとりが、「ドゥー・ユー・スピーク・イングリッシュ?」と聞いてくる。私はイエスと言い、どこから来たのか説明を始める。ところが、彼は質問だけで知っている英語を全部吐き出してしまっていた。私の答はまったく理解できないのである。それで、私のほうがトルコ語の語彙を総動員することになった。「私はフランス人です」と私はアタテュルクの言語で言う。「私はイスタンブルからエルズルムまでシルクロードを歩いています」。驚きが警戒に取ってかわる。今朝どこから来たのか、今晩どこへ行くのか、彼らはすべてを知りたがる。「ポロネズ、キョミュルリュク」。彼らはどちらも知っていて、それで彼らは安心する。最後には、指揮官もパスポートで私がパリに住んでいることを知ると、心からの笑みを浮かべる。兵隊のひとりは、うっとりしたように、「パリ、パリ」と繰り返す。ボンネットの右側で銃を構えていた兵卒は銃を下ろし、指揮官の命令を待たずに座席に戻る。その後ろでは、上官の合図で兵隊が席を詰める。彼らは座席の空いた場所を示して、私に乗るようにと言う。彼らもキョミュルリュクに行くのである。私は大笑いして、この誘いを断る。

「私は歩きます!」

理解不能。彼らは遠ざかる。私は彼らの出発を見送ってから、道端の草のうえに尻とザックを下ろして坐った。五月の日の光は心地よく、恐ろしいトルコ軍との最初の接触はまあまあの結果に終った。この日の午後、さらに二回、パトロールを続けるあのジープに出会ったが、兵隊たちは、わかってるよ、というように派手な身振りで合図を送ってよこし、私もそれにこたえた。

イマームの歓迎

キョミュルリュクに着いたのは十七時だった。森に囲まれたこの村は、薄ぼけた赤い瓦をのせた陰気な色の低い家が並んでいる。通りは土のままで、固くなった牛の糞の上にトラクターの轍《わだち》が残っている。あちこちで水がちょろちょろ流れている。白いモスクだけが、この陰鬱な風景から浮き上っている。村に入るが早いか、子供たちが駆け寄ってきて、私を取り囲んだ。この奇妙な外国人を見上げる子供たちの表情は、好奇心と不安のあいだを揺れ動いている。モスクを過ぎて小さな広場に出ると、私は貧相な店に向かった。フルーツジュースの瓶が何本かとキュウリが鎮座する棚の向こうに、この店とおなじくらい汚い不精髭をはやした男がいて、私をじろじろと眺めまわす。ドアの上には、「バッカル」(食料品店)という言葉が、下手糞な白い字でなぐり書きされている。男は私の挨拶にうさんくさげに答える。

「ここのホテルはどこにありますか?」

「オテル・ヨク」(ホテルなんかないよ)

昼間のレストランの主人は、でたらめを言って、私にしっぺ返しを食わせたのである。おかげで私はこんな村に取り残され、三十キロの歩行で脚はくたびれ切り、しかも夜寝るところもない。こういうこともあろうかと覚悟はしていたつもりだが、さすがにこれはこたえた。どこで食べ、どこで眠ればいい? これは私の装備の重量によっていやおうなく選ばされた運命である。私はテントも炊事道具も持ってきていない。重すぎるからだ。蝿のようにまわりにたかってくる、ますます大勢の子供たちに囲まれながら、辞書片手に私は尋ねる。

「近くの村にはホテルがありますか?」

「ハユル」(いいや)
二、三人の男が助けにやってきた。そのひとりが、私を取り囲む輪をゆるめるように子供たちに命ずる。子供たちは一ミリ半、後ろに下がった。みんながそれぞれに意見を持っていて、議論に首を突っ込む。私にはさっぱり理解できない議論がだらだらと続いた後、ひとりの男が、黒海沿岸のシレにはホテルがある、と言う。
「そこは遠いのですか?」

「いや、すぐそばさ」

地図を見てみる。そこは、北に三十キロ行ったところ、言い換えれば、歩きで一日かかるところである。しかし、長歩きを昔からやっている者として、私はこんなことでは驚かない。自動車が支配する時代になって以来、距離の概念は歪曲され、時速何キロという言葉でしか表わされなくなった。歩く者は、「遠くない」とか「そば」とか「十分のところ」といった表現を解読できなくてはならない。これは自動車を使う者の見積りである。「十分」は、ひとたび分析すれば、十キロから十二キロ、すなわち歩いて二時間にあたることがわかる。フランスなら、だれかがこういうふうに答えたとしても不思議はないけれど、自家用車がまだめずらしいトルコでの話となると、のろさを愛する者にとって、これはよくよく考えてみるに値する問題である。

シレには行けないことを説明すると、私の話し相手たちの困惑は一段と深まった。私はとんだ厄介者だ、どうやったらこいつを追っ払えるんだ? 食料品店の主人は、ちょっとばかりのサクランボを売るのを口実にして、この問題から手を引いてしまう。ほかの大人たちは、隣の村に行ったらどうかと勧める。

「そこはホテルがありますか？」

「オテル・ヨク」

つぎつぎに押し寄せて最高点に達した子供たちの波からは、「ワット・イズ・ユア・ネーム」の一斉射撃が襲いかかる。どの子供も旅行者にはこの質問を発して、「マイ・ネーム・イズ」メフメットあるいはムスタファで仕上げにするのである。大人たちはまた話を始めた。私をどうすべきか？　ちょっと前に姿を消した男が、笑みを浮かべて私の袖を引っ張る。彼は野良仕事をする男たちの日焼けした顔で、白く短い髭をはやし、げじげじ眉は眉墨を塗ったみたいに真っ黒だ。頭のてっぺんだけを覆うおしゃれなレースの帽子が、禿《は》げ頭を隠そうとしている。彼は、自分の名前はゼキだと言い、ついてくるようにと差し招く。彼が私の問題を解決してくれたということ以外は、なにを言っているのかよくわからない。それで、彼のずんぐりした体にくっついて行ったのだが、私自身のあとを、老いも若きも、まわりをぐるぐる回ったり、おしゃべりしたりしながらついてきて、まるで村をまるごと引き連れているようなものだ。自分は本日の一大事件なのだと、謙虚に認めないわけにゆかない。モスクのそばまでくると、唇ににこやかな笑みを浮かべた男が、手を差し伸べながら近づいてくる。

「ウェルカム」と、ふくよかな声で彼は言う。

私は英語で答えたが、彼は手振りでさえぎる。きっと彼の語彙は、昼間の兵隊とおなじくらいつつましいものなのだろう。この人はがっちりとした体をして、赤銅色の顔に炭のように黒い髪と眉と髭、そして皮膚は健康な赤ちゃんのようだ。イブラヒムはここのモスクのイマームである。彼は私を階段の前に導いたが、そこでは村中が寄り集まったまま、にぎやかにこの事件について意見を言い合っている。イブラヒムとひとりの老人、それに私は二階までゆっくりのぼった。ふたりとも足をさっと動かすだけで靴を脱いだが、ここの人たちはみな、モカシンや紐つきの靴のかかとの固いところをつぶし、バブーシュのようにしてから履いているのである。私はといえば、新しい友人たちの見守るなかで、頑丈な靴の紐を時間をかけてほどかなくてはならない。おまけに背中には重いリュックがのしかかるのだから、これはちょっとした離れ技である。

私たちは、大きな窓が村のほうを向いた、かなり広い部屋に入った。床には絨毯《じゅうたん》が敷かれ、棚にはわずかばかりの本、それにテーブルがひとつにソファベッドがひとつ、家具は最小限のものである。イブラヒムが英語とトルコ語をまぜこぜにして説明してくれたところによると、ここは彼が子供たちに宗教を教える教室だそうだ。そして、ここが今晩の私の寝室になる。

また姿を消していたゼキが、冷肉に衣をつけて揚げたのとトマトとキュウリ、それに大きな鉢いっぱいのヨーグルトを持って戻ってきた。私は何度も礼を言って、手持ちの百万リラ札を出したけれど、それはしまってくれ、と言われる。イブラヒムのもとには、よくある「実用」と名のつくトルコ語・英語対照の本で、外国人との会話に役立つようにつくられたものが一冊届けられた。私が食事をしているあいだ、彼は長いことその本を繰っていたが、「私の自動車を修理するのにどのくらい時間がかかりますか？」とか「このおいしいデザートをもうひとつといただきたいのですが」といった、まず使うことがありそうもない、決まり切った文句しか見つけることができず、そういう文例では、いまの場合、イマームと私の対話を進めるのに役立つ可能性はほとんどない。むだな抵抗はやめて、私たちは身振りの言葉に戻り、私の小さな辞書に助けを求めることにする。

モスクを見学したいのですが、と私は言った。イブラヒムは許可してくれたが、彼の合図で若い男が姿を消し、数分後にトレーニングウェアを手に戻ってくると、私に渡そうとする。わけがわからない。するとイブラヒムは私のむきだしの脚を指差す。こんな恰好で宗教建築に近づくなどとはとんでもない。そこで私はザックから長短兼用ズボンの下の部分を引っ張り出し、それをジッパーで半ズボンにつけると、重い靴をまた履いた……が、五分後にはまた脱がなくてはならなかった。ほんとうは宿で足を休ませるために軽いサンダルを持っているのだが、荷物の中から取り出す時間がなかったのである。

モスクはとても広い。一枚の絨毯が床全体を覆っている。その上には小さな長方形がたくさん描かれている。それは蜂の巣のひとつひとつの穴のようで、金曜の礼拝のときに建物が男たちでいっぱいになると、この長方形が信者ひとりひとりの場所を示すのである。女性は数がずっと少なく、大広間の上に張り出した小さなバルコニーに席をとる。イマームは自分の領土をとても誇りにしていて、私をミフラーブに案内してくれる。そこはメッカの方角を向いた一種の壁龕《へきがん》で、彼が一日五回の礼拝を司る場所である。その隣には、彼が金曜の説教のために長い木の階段をのぼってゆく説教壇がある。イスラムの宗教儀礼についてほとんど無知な私は、女性が男性とおなじ階で礼拝できないことに驚いた。イブラヒムが忍耐強く説明してくれたところによると、もし女性が男性とおなじ階にいたとすると、女性がメッカのほうを向いて平伏するときに、その後ろにいる男たちは悪い考えに心を乱されるかもしれないとのことだ。私の語彙は貧弱すぎるので、聞きたくてうずうずしている質問は先に延ばすことにする。上のバルコニー席にいる女性たちは、高いところから見える無数のお尻に心をかき乱されないのだろうか？　さらに先に行くと、ごく狭い部屋があって、キョミュルリュクのイマームはその中にある秘蔵の音響装置を見せてくれたが、これのおかげで彼は一日五回、礼拝への呼びかけを発するのに、ミナレットの階段をよじのぼらなくてすむのである。彼の太りぐあいを考えると、階段の昇り降りをしていたらたいしたもので、テクノロジーのためにそれが免除されるのは残念である。

村人たちは、村の客たる私が寝ることになる部屋まで送ってくれた。イブラヒムは、立ち去る前に、自分はクルド人であると打ち明けてくれた。それから彼は、部屋にのぼる階段に最後まで陣取っていた子供たちを追い払った。私は長椅子の上に寝袋を広げてから、また下に降りて、信者が礼拝の前に身を浄めるのに使う水道で、そそくさと体を洗う。そして、衆人環視のなかで、この日、肌に着けていたTシャツ、パンツ、靴下を洗う――というより水でざっとゆすぐ。細かいものも節約する方針にしたので、この旅のあいだじゅうずっと、ひとつを汗で濡らしているあいだに、もうひとつを乾かす、というふうにしなくてはいけない。「寝室」に戻ると、もう一度腰の状態を調べ、傷が早く乾くようにマーキュロを塗る。足が少し痛い。足の指が赤くなっているのは心配ないと思うが、間違っているかもしれない。横になると、あっという間に眠りに落ちた。

歩きの御利益だ。パリでは、私は眠りに入るまで、二時間は心が平静を取り戻すのを待たねばならない。ここでは、十一時ごろに礼拝を呼びかけるイブラヒムの声が音響装置を通して突然響き渡ったが、すぐさま眠り直す妨げとはならなかった。五時三十分、ふたたびイスラムの音響装置で目が覚める。服を着てから水道のところに降り、冷たい水で体をざぶざぶ洗い、髭を剃る。前の晩に洗ったTシャツはまだ湿っていて、氷のように冷たい。それはザックにひっかけておく。歩いているうちに乾くだろう。

森の幸福

出発は五時四十五分で、日が昇りかけている。広場まで行くと、モスクからじいさんが出てきた。じいさんの言うことの全部はわからなかったが、ぺらぺらしゃべりまくるその口調と身振りは雄弁で、以下の演説内容は理解できたと思う。

「ぜんたい、そりゃなんになるんだい？　まともに旅がしたけりゃ、わしのような車を買うこった」と言って車を指差す。「歩きだなんて、おまえさんの年にはもう似合わんぞ。ほれ、茶を飲みに来な……」

私は返事の代わりに大きな笑みを送り、ミナレットのアルミニウムの屋根に赤い照り返しを燃え立せている朝日に向かって歩き出した。最初に通りかかった村はまだ寝静まっていて、名前はケルワンサライ〔トルコ語でキャラバンサライ〕というのだが、キャラバンサライの跡はそのあたりのどこにもない（あるいは、もうなくなっていた）。

村を出たところで、道端の空地に簡素なキャンプ設備がしつらえられている。三つテントが張られ、そのうち二つは丸太の上に透明なビニールシートを張っただけのものだが、そのあいだを十人ほどの人が忙しそうに動き回っている。その真ん中で、年取った女が火をかき立てている。男のひとりが私に気づいて呼ばわる。

「ゲル、チャイ！」（こっちに来いよ、茶だ！）

私はそばに行った。このグループのリーダーの男が、虫食いだらけの歯をむき出しにして笑いかけてくる。彼はクッションを取ってくると、錆びたスプリングのはみ出たおんぼろのマットレスの上に置き、もったいぶった身振りで、そこに坐るようにと招いてくれる。少し離れたところに作りかけのほうきの山があるので、この一族の職業がわかった。一族の構成は、男三人、女四人、それに赤ちゃん一人である。母親のほかに、三人の若い女がここで生活している。彼女らは若くて美しく、髪だけを隠すスカーフを着け、不安定な暮しにもかかわらず、こざっぱりとした身なりをしている。女たちは、明らかに男たちと対等に扱われている。一家の長は、旅に生きる者同士の友愛の命ずるとおりに、私を客として迎えられて光栄だと言った。私はそこで茶を飲みながら愉快な三十分を過ごし、写真を何枚か撮った。残念ながら、彼らにはあとで写真を送るべき住所がないのだけれど。

日はすでに高い。私の地図はおおざっぱすぎ、四つ辻には道しるべがないのがきまりだから、進むべき方向を決めるのに何度も苦労する。鬱蒼《うっそう》とした森のなかを二時間歩いたすえに、私は完全に道に迷ってしまった。いったい自分がどこにいるのか、もうまったくわからない。ダルルクに行く道を尋ねた農夫は、私はその村が北のほうのどこかにあるはずだと思っていたのに、南の方角を指差す。彼は長々としゃべってくるのだが、私には一言もわからない。それで、私は地図の上で自分がどのへんに位置しているのかもわからなくなった。どうしてこんなに道をそれてしまったのだろう？

もしかしたらと思って、私は北に向かってふたたび歩きはじめ、たっぷり一時間は歩いたころ、イスタンブルからピクニックに来ている人たちに出会い、昼食に誘われた。ヨーロッパ風の服を着て、スカーフをしていない女たちが、車のトランクから大きなテーブルクロスを二枚と食料を出してくる。私たちは、一方は男だけ、もう一方は女だけという二つのグループに分かれて昼食をとる。彼らは親切な人たちだが、私が地図上のどこにいるかについても、ダルルクがどっちの方角にあるかについても、助けにはならない。それで、私はでたらめに森のなかを歩きはじめた。

森のなかの空地で、木こりたちが二台の丸鋸で丸太を挽き、薪をトラックに積んでいる。「ダルルクに行く道を教えてください」。男が答えかけて、私がたいしたことを理解できないのがわかると、離れたところで働いている別の森林労働者を呼びにいった。その人は、作業の手を止め、禿げ上がった額に流れる汗を拭いながらやってくる。彼は自己紹介する。自分はセリムで、呼びにきた友達はムスタファだ、と彼は言う。思慮深いトルコ人には会話がなにより優先するから、彼らは鋸を止めて、甲高い騒音に負けじと声を張り上げなくてすむようにしてくれる。私たちは橅《ぶな》の木陰に腰を下ろしたが、ムスタファはシダを何本か抜いて、私のために快適な座布団をつくってくれる。

セリムはやさしい、落ち着きのある声で、かなり上手な英語を話す。私の地図を見るや、彼は虫食いのある大きな犬歯一本をのぞいて歯のない口を開けて、声を出さずに笑った。私の地図はすごく古い、と彼は言う。この間に、イスタンブルに飲料水を供給するための巨大な貯水池が建設された。そして、地図では北にある三つの村が、十五キロ南に移転されたが、名前はもとのままだ。なるほど、これで今朝の私の「漂流」の説明がついたわけである。だが、話の続きは笑ってすませられるものではない。変化は道にも及んでいたからだ。東に向かう道が途切れてしまったのである。ということは、今晩到着する予定のデイルメンチャユルの村に至るには、南か北に五十キロほど回り道をしなくてはならない。あまりぞっとしない見通しである。

「林道があるんじゃないかな」と通訳のセリムをとおして、ムスタファがあぶない意見を口にした。「でも、迷っちまうだろうな、森はだだっぴろいから……」

「村にはだれか、お金は出すから、案内してくれる人はいないかな？」

二人の男はしばらく言葉を交わすと、ムスタファが頑丈な手で胸をたたいた。

「おれが案内してやるよ、それもただでね。ただその前に、おれのトラックの荷をいっぱいにしなくちゃいけない、少なくて一時間の仕事だ」

彼は大量の水をひと息に飲み干すと、薪のところに戻って行く。セリムと私は話を続けたが、この人には驚かされっぱなしだ。彼は四十四歳で、十年ほど軍隊にいた。そして、森で働くために軍隊を離れた。額は禿げ上がり、鼻は大きく、まばらな口髭をはやした彼は、落ち着きや、人を迎え入れる温かみ、周囲の人をも感化する泰然自若とした態度、といった印象を放っている。質問に答える前に、彼は数秒間の沈黙を守る。そして、自分自身をからかいの種にし、ことあるごとに、一本だけ残った黄色く欠けた歯を見せて、声を出さずに腹の底から笑うのである。

「森で働く暮しが好きなんだ。自然が好きだからだけれど、いちばんいいのは、冬のあいだはずっと本を読んでいられるからね。哲学が好きでたまらないんだよ。だから、一月から三月は、心ゆくまで本を読んで、夜は喫茶店に行って、友人たちを美学や論理学の幸福に目覚めさせようとするわけさ」

彼の目は、わかるだろ、と仲間にやさしく目配せするように光った。

「あんたがうらやましいよ、逍遥学派の教えを実践してるんだから。それにひきかえ、おれはアリストテレスを読むだけで満足しなくちゃいけない」

一度火がつくと、彼はニーチェ、デカルト、プラトン、ヘーゲル、ハイデガーについて、めちゃくちゃにしゃべりつづける。私は彼をやわらかく挑発してみる。

「だけど、人生は哲学だけじゃない、女もいるし……」

「そうとも、たとえばジャンヌ・ダルクだ。おれにとっての理想の女性像さ。おれはフランス語を覚えたいんだ。彼女について書かれたことを全部読んだり、彼女の出てくる映画を見たり、それからアラゴンを原文で読むためにね」

私は仰天した。

「子供はいる？」

「いや、結婚はしていない。村でたった一人の独身者さ」

「どうして？」

彼は笑った。

「たぶん、おれのジャンヌ・ダルクに出会わなかったからだろうな……」

ムスタファが荷積みを終えた。私はセリムのもとを立ち去るのが残念でならない。彼は仕事にもどり、ムスタファと私が森に分け入ろうとするとき、別れの挨拶を大きな身振りで送ってくれる。飾らぬ幸福に輝くこの二人の男とともに過ごした短い休憩のおかげで、私はまた元気が出てきた。先に立つムスタファはTシャツを着ていて、それが彼のはちきれそうな上半身をきわだたせている。森は想像を絶するほどに美しい。林道は、見渡すかぎりに波打つ丘と丘のあいだを滑るように続いている。私のガイドは、時折、立ち止まって、景色を指差す。ここは彼の王国であり、彼の誇りである。小川を歩いて渡ると、今日の日曜日、ポプラの木陰で憩っている人たちが、冷たいものをいっしょに飲んでゆかないかと誘ってくれる。彼らは急がずに生きている。魔法の時が広がる。私は目を閉じ、時間を支配する。

私たちはついに貯水池の南端に達した。ムスタファが別れの言葉を口にしているとき、不意にジープに乗った兵隊たちが現れた。今度のは「ジャンダルマ」、すなわちテロリスト対策を専門とする治安部隊である。私は、指揮官で、上着に《komando》という文字をつけた若い下士官にパスポートを求められ、さらに長々と尋問を受ける。彼は非常に興味を示し、もっと詳しく知りたがる。セリムの通訳で事情をのみこんでいたムスタファが、私のこれまでと、今後の旅程を説明する。私たちは草のなかに腰を下ろし、私は指揮官の求めで地図を取り出して、これからたどるつもりの道程を示す。こうしているあいだも、自動小銃やライフル銃を手にした兵隊たちは、車のそばで警戒態勢をとっている。武装した男たちの姿は、心地よい春の空気が、私たちをやさしく迎え入れてくれる森いっぱいに広がるこの夕暮れ時にあっては、いかにも場違いである。私はふたたび出発し、少し先に行ったところで休息のために立ち止まった。目を上げると、亀がいて、斜面の上から丸い目でじっとこちらを見つめている。

やあ、同志、おれたちは競走なんかしないよな。

III

ミサーフィルペルヴェルリキ（もてなし）

イスラムのもてなし

デイルメンチャユルという村は、シラブルが多いわりに、あるものといえば、わずかな家とモスクと食料品店一軒だけである。バッカル〔食料品店主〕のところでドライフルーツをたっぷり買い込んでいると、上げ潮のように押し寄せてきた子供たちが、外国人を見ようと入口で押し合いへし合いをはじめる。さて、どこで眠ればいいだろうか？　主人は長いこと考え込み、頭をがりがりかいたりするが、そのあげく、自分には妙案がないと言う。私は運を天に任せ、隣の客間で茶を飲むことにする。たぶん子供のだれかに知らされたのだろう、小学校の教師だと名乗る若い男がやってきて、私のテーブルに坐った。彼は、私の問題を解決してやれると言い、ついてくるように促す。私たちは、村人が怪訝そうに見守るなかを、ピーチク騒ぎ立てる子供たちの群に付き添われて村を横切る。どうやらこういうことが毎日の恒例になりそうな予感がする……。

もう一軒の喫茶店――「飲物スタンド」のようなものと考えていただきたい――のなかで、小学校教師は私をヒュセインに引き合わせてくれた。いまは年金生活だが、軍事警察で働いていた人だ。年は六十くらい、胡麻塩の口髭にずんぐりした体つき、灰色の帽子と栗色の背広を身に着けた彼は、口達者とはいいかねる。身振りで私たちに隣の椅子をすすめる。案内してくれた男が、事情を説明する。元警官の側からのおしゃべりは期待できない。それは彼のやり方でないのだ。今晩、私を泊めてくれるだろうか？

「エヴェット」（よし）

どっさり質問をしようと、私の問題が片付くのを待ちかねていた客たちが、抑えていた好奇心をやっと解き放てるときがきた。だれもが茶をおごると言ってきかないのだが、私はほんの何杯かだけ、身振りに表情、それに満足の溜息もたっぷり混ぜて――これが会話のかわり――ゆっくり空けてゆこうと努力する。ヒュセインはというと、食事の用意をするために姿を消した。彼は私をよびに戻ってきて、浴室の場所を教えてくれたので、私はうっとりとシャワーを浴び、二日分の汗を流すことができた。ヒュセイン、小学校の先生、それにこの間に仲間に加わった先生の同僚とともに取った夕食は楽しかった。若者たちは老人に非常な敬意を示す。彼らが帰ると、主は私の抗議にもかかわらず、自分の寝室を私に明け渡してしまう。自分は客間のソファで寝るという。

翌朝、私はざっと身支度をすますと、ザックの口を締め、彼の部屋のドアをノックした。外出している。たぶんきのうの夕方の喫茶店で会えるだろう。私は外に出て、後ろ手にドアを閉めた。しかし、彼は見つからない。家に戻り、しばらく待つ。それから、感謝の言葉を紙切れに走り書きし、宿泊代として五百万リラ札一枚を添えてドアの下から滑り込ませた。

早くもその日の午後のうちに、あるトルコ人が、私はひどい過ちを犯してしまった、ヒュセインは大変な侮辱を受けたと思っただろう、と教えてくれる。私のやったことは、トルコのもてなしの伝統に反している。イスラムの地では、旅人を自分の家に迎え、できるかぎりの歓待を与えることは信者の義務である。その人の説明によると、もてなし（ミサーフィルペルヴェルリキ）という言葉の意味は、よきイスラム教徒であるおまえに対して、おまえの客人（ミサーフィル）である旅人はあらゆる面で権利を持っている、ということだ。おまえの家は彼の家であり、おまえは彼と食べ物を分かち合わなければならない。この行ないは、アッラーの王国で報われることになるだろう。旅人に扉を閉ざすのは、忠実な信者が犯しうる最大の罪である。私はひとりごちた。穏やかな気候に恵まれたわれわれの国でも、こういう考え方を生かすことができればよかろうに、と。

足が痛い！

気持のよい小糠《こぬか》雨が降っている。足が痛い。では、足の指のことばかりが気にかかると、心はいったいどうなるか？　まったくつまらないものになってしまうのだ。昨日の朝気がついた赤い腫《は》れがひどくなっている。昨晩のシャワーのときには、両足の甲がすりむけているのがわかった。今朝になると、左右の足の親指にひとつずつ小さな膿《うみ》の袋ができていた。化膿が広がると、私の歩みは著しく遅れる恐れがある。しかし、治療の手段といっても、まめができたときに貼る絆創膏《ばんそうこう》しかない。小一時間のあいだ、圧迫感がつきまとう。やがてそれも感じなくなった。

風景はオート・ロワール県〔フランス中南部の高地の県〕を思い出させる。道は目のくらむような谷を縫い、谷底に一筋の河がきらきらと輝いている。登りがきつすぎ、勾配のせいで靴の先にできる折れ目が深くなるところでは、また圧迫感が現れる。正午になったころ、榛《はしばみ》の茂みの陰で靴を脱いでみると、膿の袋がふたつとも破裂して、黄色っぽい膿が流れ出ている。まわりの皮膚は、何万歩もの一歩ごとに革の圧力に痛めつけられ、赤く腫れ上がり、すりむけている。はがれた皮を超小型のスイス・アーミー・ナイフについている小さな鋏《はさみ》で切り取り――この携帯武器庫の便利さはいくら強調してもしきれない――、ありあわせのもので傷を消毒する。ガーゼの代りになってくれそうな布切れ二枚と少量のマーキュロクロムである。

道を探すのにまたまた大変な苦労をする。私が持っている五十万分の一の地図は、わかりやすいとはいえない。そもそも非常に不正確である。それでも、凡例のところに書いてあることを信じるなら、これはドイツの会社とトルコ国防省との協力の成果なのである。疑いもなく、あらゆる侵略の試みを挫こうというトルコ軍の奇計にちがいない。なかにはまったくのでたらめにすぎない情報もある。たとえば、地図では私のルート上にあり、めずらしいことに道しるべまで立ててもらっている小さな村に行った。実際には、その村は行き止りになった道のどんづまりにあるのだった。むだに二キロ歩いてしまったが、回れ右をするよりほかなかった。しかし、その代りにいいこともあって、それは木工職人のアフメットとしばらく話ができたからだ。彼は目に笑みをたたえ、木のスプーンやフォークを作って生計を立てていると言う。おしゃべりしながらも、小さな手斧《ちょうな》のようなものを研ぎ、時折親指を刃にすべらせては切れぐあいを調べる。彼は短い髭をはやしているが、その気になれば、たぶんこうした道具を使って剃ることもできるだろう。それほど切れ味がよいのだ。

森の中で建物の二階ほどの高さがある巨大な薪の山を見つけた。炭に焼かれる薪である。しかし、あたりをいくら探しても、炭焼きの姿は見当たらない。どうやって焼くのか教えてもらいたかったのだが。雨脚が強くなったので、やむなくポンチョをひっかぶる。小さな村を通ると、若い男が近づいてきて、しゃべりかけてくる。そして、ぴったりと後をついてくる。村の出口でおさらばしてくれるかと思ったが、私のそばを離れず、さらに一キロ、二キロ、五キロとくっついてくる。男はほとんどしゃべらない。今度は別の村を通る。ここでおさらばしてくれるだろうか？　いや、もうずっと前から男の上着はびしょびしょに濡れそぼっているのに、まだついてくる。ことのついでのように、リュックサックの中にはなにが入っているのかと聞いてきたりする。

男がポケットから小さな瓶を取り出し、中身は正真正銘奇跡の薬だと請け合ったとき、結局この男の目的はなんだったのかはっきりわかった。その薬を数滴飲めば、もう疲れを感じなくなるというわけだ。男はさかんに身振り手振りをして、魔法の水薬を飲む気にさせようとするのだが、どうにも説得力がない。重い荷物を――それもぐっしょり濡れたやつを――背負っているわけでもないくせに、私のリズムについてくるのに明らかに苦労していたから、自分でその薬を飲んだらどうかと言ってやる。私はイスタンブルで聞いた、薬を使って旅行者から金品を巻き上げる悪党どもの話を思い出していた。男の薬瓶に手を出すなんてとんでもないことである。まず私はこの男のたくらみが恐ろしい。それに私は、興奮剤という名のまやかしは、それがどんなものであれ、大嫌いなのである。カラギョルリュという小さな町に着くと、薬屋が目についたので、一緒に来るように誘う。その瓶は奇跡の薬なんだから、薬剤師なら興味を持つはずだ、と私は言った。私の言葉にもちょっとは魔法の力が乗り移っていたのだろうか？　そうにちがいない。というのも、男はアラブの魔物のジンのように、跡形もなく消えてしまったからだ。以後、男の姿を見ることは二度となかった。

薬屋は、私の足の状態を目にすると怖気《おぞけ》を震った。たしかに化膿が急速に進行している。右足はさらに二本の指が膿を持ちはじめている。二人がかりで手当てをしてくれ、その結果は私の期待にかなうものだった。私の足の指は、布切れを巻いた乞食姿から、行儀よく並んだ小さなミイラ人形に変身を遂げたのだ。私はうっとりとそれを眺め、礼を言い、あとは九〇度のアルコールが買えれば言うことなしだったが、この薬局には半リットルの瓶しか置いてない。私が欲しいのは、荷物にならないで済むような小さな瓶である。助けを求められた隣の店の主人が、小さな瓶を見つけてくれる。私の旅の話を聞くと、彼は丸い形をしたどでかいパンと一キロ近くありそうな大きなチーズのかたまり、それにチーズと同じくらいの重さがある蜂蜜の壺を持って行けと言う。私は断るのにほとほと苦労する。相手は理解できないのだ。議論では埒《らち》が明かないので、私の荷物を持ってみてくれと頼む。その重さに納得した彼は、パンを大きく切ったのとチーズ四分の一をもらうだけで我慢してくれる。薬剤師は、アルコールの小瓶とヨードチンキの小瓶とガーゼを用意してくれる。彼は代金を受け取ろうとしないばかりか、とことん親切な心づかいを見せて、私がその夜泊るつもりにしていた村に辿り着くまでの道を詳しく図に描いてくれる。

まるで新品になったような足とともに、私は田園風景を照らす春の陽光のなかにふたたび出発した。緑鮮やかな美しい谷間の湖のそばでひと休みして、老人とおしゃべりする。アフメットという名のとても年老いた農夫で、厳しい気候にさらされ続けた皮膚は皺だらけで褐色に焼けている。一年中、彼の財産であるただ一頭の牝牛を連れてあちこちの道を歩き回り、腹いっぱい草を食わせている。私たちはしばらく話を交わし、許しを得て彼の写真を撮らせてもらう。

寡黙な歓迎

ドアンジュラルは、土壁の家々がただ一本の通りに沿って肩を寄せ合う貧しい村である。二日前から時折激しい雨が降っているせいで、地面は泥と牛の糞をこね合せた糊のようになっている。物見高い村人たちが後をついてくる。張り出しのある練土造りの家が崩れかかっているのを何枚か写真に撮る。この家を建てるのに使われた木、藁、土といった材料は、ノルマンディーのオージュ地方やウーシュ地方に見られる、木組みを外壁に露出させた伝統的な家と同じである。村人たちはカメラに気づくが早いか、自分の家の納屋や自分たちを撮ってくれとせがんでくる。こうした村々ではカメラは珍しく、写真に撮られることは一大事件なのだ。暖かく迎えてくれた人たちに写真を送ろうと心に決めたのもそのためである。彼らのもてなしに感謝するには、それしか方法が思いつかなかった。彼らは金を受け取ろうとしないし、贈物を持って歩くのはリュックの重さからして無理なことだから。それでも、子供用にはピンバッジを百個ほど持ってきた。それが入った小さな袋を初めて取り出したのは、六人の子供にこの記念の品を何個かプレゼントするためであった。私は「宝物」をテーブルに並べ、子供たちが選ぶに任せた。すると十二本の手がその上に襲いかかり、その一部分を回収するのに一大苦労を味わうはめになった。それ以後、配給は一個ずつとし、上着に留めてあるのだけをやることにしている。

村の出口で、ガソリンスタンド兼喫茶店兼食料品店に入る。庇《ひさし》のついた帽子をかぶり、瓶の底のような分厚いレンズのはまった近眼鏡をかけた男が、テーブルで新聞を読んでいる。この村で私を泊めてくれそうな人を知っているだろうか？　彼は目を上げ、一瞬こちらをじろりと眺めると、「おれだ」と言ったなり、また新聞を読むのに没頭する。私は、迅速だがまるで熱意の感じられないこの歓迎ぶりにちょっと戸惑った。とにかく私もテーブルに坐り、茶を注文する。給仕の若い男は、隣の食料品店の主人でもある。私は彼のところでチョコレートビスケットを一箱買った。昼食が食べられなかったので、少し遅いが、その代りである。私を泊めてくれることになっている男の人は、立ち上がると、なにも言わずに出てゆく。私はますます混乱してくる。彼は家に帰ってしまったのだろうか？　彼の「招待」は本気なのだろうか？　喫茶店の主人が、もう一人、少し年上に見える男と一緒に私のテーブルにやってきて腰を下ろした。二人は山ほど質問をしてくるが、とても感じのいい人たちなので、私は喜んで答え、求めに応じてパスポートを見せたり、行程に印をしておいた地図を見せたりする。

「さっきまで新聞を読んでて、出て行った人は誰ですか？」

「おれたちの親父で、名前はゼキャーイだよ。自己紹介しよう。おれはレジャーイで、こっちは弟のセザーイ。ゼキャーイはいま、おれたちとあんたの晩飯を用意してるんだ」

二人より若く、メフメットという名の三番目の兄弟が座に加わる。父親が夕食を運んでくると、息子たちは私たちが交わした話の内容をかいつまんで説明する。どうやら脚色もあるようである。このときになってわかったのだが、ゼキャーイは家に迎える旅人を質問攻めにするのは失礼だと考え、しかしやはりいくぶんか警戒するところもあって、ひょっこり自分のもとに転がり込んできたこの奇妙な巡礼の調査を息子たちに委ねたのだ。彼は真面目な顔でさかんにおかしなことを言う人だ。愉快な夕食だった。

私はベッドが二つあるメフメットの部屋に厄介になる。寝る前に、さらに広がった足の傷の手当てをする。またはがれた皮を切り取らねばならない。傷が早く治るように、哀れなわが足をできるだけ空気にさらすようにする。しかし、朝になってみると、どの傷も透明な膜のようなもので覆われ、その下にまた膿の袋ができている。膿を出し、九〇度のアルコールを振りかけ、ガーゼを巻いてから、雨の中をふたたび出発する。

いまは小股歩きである。一歩ごとに靴の折れ目が化膿したところを押えつける。傷の保護に巻いたガーゼのために靴の中の隙間がますますなくなっているので、なおさら痛みが激しい。ガーゼを外してみるが、なんの効果もない。靴には革が柔らかくなるように、ゼキャーイのところには革用のクリームがなかったので、中庭に置いてあったトラクターから頂戴した機械用のグリースを塗ってある。私は歩きながら痛みにばかり気を取られ、周囲に注意を払うゆとりがない。それでも、太陽がふたたび顔を出し、ぬかるんで滑りやすくなった地面を舐《な》めているのには気がついた。一時間半歩くと、体が驚くほどどっさりこしらえているにちがいないエンドルフィンのおかげで、少しずつ和らいでいた苦痛がやっと消えた。私は様変りした景色をゆっくり眺める余裕を取り戻した。昨日は、赤土と、アヴェロン県〔フランス中南部の県〕の石灰質高原を思い出させるようなまばらな草木。今日は、耕された丘が広々と連なっている。そんな丘のひとつを登りつめると、黒々した土を鋤《す》き返したばかりの畑が描く幾何学模様と、しなやかに波打つ小麦とライ麦の緑の海がどこまでも広がっている。榛畑《はしばみ》も、今朝からだんだん目にすることが多くなった。

ひとり歩きの困難

また二度も道に迷う。道を示す標識はほとんどないに等しい。かりにあっても、判読不能である。トルコの道路標識は、白地に青い文字で町の名を記した金属板である。「記してあった」と言うべきかもしれない。なぜなら、見ればすぐわかるが、標識板はこの国に大勢いるはずのハンターの標的がわりになっているからだ。しかも、ハンターの大部分は、散弾でなく、ふつうの弾丸で猟をしているにちがいない。哀れな標識を見ると、私は毎年秋になると焼栗をつくるのに使う、底にたくさん穴のあいたフライパンを思い出す。穴だらけになった標識板は錆に浸食され、弾痕のあいだに生き残った情報のかけらも錆の餌食になっている。トルコの道路標識は実のところ、その穴を通して、空を読むのにしか役立たない。たまたま出会った村人たちもあまり当てにはできない。今朝のことだが、十二歳くらいの男の子二人が、自分たちの住むところから八キロしか離れていない村を知らなかったのである。

土の小道を離れて、車の通れる細い道路に入る。トラクターや自動車の運転手が私の異様な風体に好奇心をかきたてられ、車を停める。彼らは訳がわからないという表情を浮べ、おそらく天から答が降ってくるのを期待してのことだろう、掌を空に向けた後、私の旅についてあれこれ尋ねてくる。それから彼らは、この先まで乗せて行ってやると言ってくれる。私が断ると、車のトランクをひっかきまわし、りんご、さくらんぼ、缶入りのコカ・コーラやフルーツジュース、それにチョコレートバーなんかをくれるのだが、チョコレートバーはポケットの中で溶けると困るので、急いで食べてしまうか、捨てるかしかない。

十七時ごろ、今日の目的地と決めてあるアンバルジュ村が目前に迫る。地図上では三十五キロ歩いたことになり、それが今日の行程として私が記録する距離である。だが実際には、二度も道に迷ったから、たぶん四十キロ以上歩き通したと思う。おそらくそのせいだろう、到着地点が見えてくると、私のエンドルフィン製造工場がストライキに入ってしまった。私は足を引きずり、もう前へ進めない。しかも、ザックのベルトによる腰のヒリヒリした痛みがまた始まっている。私はこういう苦痛のすべてを心静かに耐えている。自分では「長歩きのならし運転」と呼んでいるものへの覚悟ができているからだ。はじめの何日かは、働かされっぱなしの筋肉を体が鍛えようとし、しつこい張りや痛みのために再発進が辛くなる。そのうえ、しょっちゅうこすられる場所――足、腿、尻、それにザックに触っているところ――は、熱を持ったようにヒリヒリする。そして、ついには傷になったり、マメができたりするのである。こういうものはどれも、十日もたてば消える浅傷《あさで》である。いま私はささいな傷に苦しんでいるが、これはパリで準備した実に穏当な進行予定表に従わなかったばちでもある。そのときは、一日に十八キロから二十五キロの短い行程にするつもりだった。ところが、私は平均三十キロ以上がむしゃらに突き進むという無茶をしてしまった。明日の夕方には、出発地点から二百二キロのアダパザルに着き、そこまでに六日かけたことになるだろう。当初の予定では、八日かかると見込んでいたのである。

こういうわけで、私は歩行時間をもっと短くし、きつい日差しや雨のなかで歩くのを減らすべきなのだ。徒歩旅行では、ごまかしはきかない。やるからには、なにもかも自分で引き受けなくてはならない。自分の身体、メモ袋、薬袋、衣料袋、食料袋、寝袋、これらの運び手は私ひとりしかいない。ミスをすれば、即座にであれ、翌日になってからであれ、必ず報いがくる。私はひとりで歩いているのであり、何にも、誰にも頼ることはできない。言葉によっても、できそこないの地図によっても、自分が選んだ道によっても、寄る辺のなさを味わっている。文明らしきものといっては、ポケットに四角いプラスチック板が二枚あるだけだ。一枚はテレホンカードで、私を世の中に結びつけてくれる。もう一枚は金を引き出せる。しかし、どちらにしても、役に立つのは町にいるときだけである。牧草地や榛畑の中とか、峠の上では、どう見ても場違いだ。ここでの私の食事、寝床、そして身の安全は、国際電話にも紙幣にも依存していない。それらは、そっくりでいて、まるで違う人間の兄弟たち、私がこんな辛気臭い考えを胸に浮べながら歩いて近づいてゆく人たちの手にかかっているのだ。

スターの座

アンバルジュ村はほとんど人気がない。ただひとり、モスクの前の小さな広場で、男の子が錆だらけの古い自転車の車輪で遊んでいる。食料品店は閉っている。店先の木のベンチが私の歓迎役だ。今朝の雨はやみ、暖かい日差しが、Tシャツを肌にべったりと貼りつけていた汗を乾かしてくれる。レジェップという名だと言う男の子が寄ってきて、そばに坐る。私は日を浴びながら、ベンチで身をくつろげ、しばしの休憩をとった。バッカルが帰ってこないので、村を見にでかける。家の裏手で年とった女の人がパンを焼くために窯《かま》を温めている。彼女は、半ズボン姿の見知らぬ男が現れて、家事をしているところを見ていても、たいして驚いたようすがない。けれども、私がベンチに戻るや、彼女が近づいてきて、散歩のふりをしながら、横目でこちらを観察する。彼女の服装は、千年前のこの地の女性たちの身なりと変らないにちがいない。足首まである丈の長い黒いスカート、そして髪と首を隠すショールとスカーフである。

食料品店は、窓に沿って棚板が並び、ショーウィンドーの役をしている。棚には先祖代々の埃をかぶり、見分けのつかなくなったビスケットの箱やキャンデーの袋が山積みだ。箱や袋のすきまを見ると、粗削りの板に敷いた新聞紙のうえに鼠の糞の小さな山が芸術的に配置されている。レジェップが、鎌を手に広場を横切ってくる男の人が店の主人だと教えてくれた。やせこけた老人だが、毅然とした風格がある。短い白髭が顔を柔和な感じにし、真っ黒な濃い眉毛の下で眼がきらきらしている。派手な青色の小さな毛糸編み帽子を頭に載せ、タータンチェックのシャツを着ている。日焼けした顔は、店を空けて畑に出る時間が長いことを物語っているのだろうし、労働のために曲がった腰は、レジの前でじっと店番をしてきた結果ではないのだ。

主人は遅くなったことを詫び、店を開けると、段ボール箱からジュースの缶をひとつ取り出し、店の中の大部分を占領している二つのベンチを指して、坐ってくれと言う。ムスタファの店では、商売よりおしゃべりに時間を割かねばならないし、掃除よりは商売に精を出すことになっている。私がどうやってここまで来たかを聞くと、彼はまず驚きで、つぎに不信感で石像のように固まってしまった。ドアが開いているのをいいことに、物怖じしない牝鶏たちがコッコッコッコと鳴きながら、押し合いへし合いして中に入ってくると、たくさんある米の袋のひとつに鼠たちが開けた穴からこぼれた米粒をつっつきはじめる。鶏たちが私の気にさわるのではないかと心配したムスタファは、何度も大きな身振りで追い出そうとするのだが、残念ながら効果がない。どうやらこの店のほんとうの主は牝鶏たちのようである。しかし、人間の主人は私の居心地をよくしようと懸命で、いっこうに諦めない。私が冒険旅行譚を語っている間も、二度、三度とさえぎって、大丈夫か、斜めに差し込んで私の顔に照りつける日の光が邪魔にならないか、クッションはいらないか……と聞いてくる。私の顔に疲労が読み取れたにちがいない。

くたびれ果てて、宿を頼むのに適切な言葉を並べることができなかったので、イスタンブルにいるトルコ人の女性の友人たちに書いてもらった短い文章を取り出す。それは礼儀にかなない、私がいつもでたらめにしゃべっているのよりずっと洗練された言葉で書かれたもので、私の辿るルートを説明したうえで、一夜の宿を乞うという内容だ。ムスタファは注意深く、ゆっくりと読んでから、人のよさそうな微笑みを浮べて私を見る。そして、森で働くムスタファとおなじように、自分の胸を指す。彼が泊めてくれるのだ。しかも、とても喜んでいるのが見てとれる。私もだ。断然、この人が気に入ったからだ。

村人の第一陣がやってきた。レジェップが広報役を買って出て、半ズボンをはいた外国人がいることを村中くまなく触れ回ったのである。トラクターの轍で水たまりだらけになった細い土の道一本で外の世界とつながった、この辺鄙な小集落では、おそらく初めてのことなのだ。いまに村中の男という男が、入れ替り立ち替りやってくることだろう。彼らはドアの枠のなかに姿を現すと、ムスタファに声をかけてからベンチに腰を下ろし、いくつか質問をして、ちょっとの間そこに留まった後、行ってしまう。訪問者の人波がふくれあがるにつれ、主は嬉しさのあまりじっとしていられなくなる。彼が外国人を泊めることは、村人全員の目に大変な名誉と映っているのは明らかだ。彼は五分ごとに私のことが心配になり、友人たちにしていた話を中断しては、腹はへってないか、のどは渇いてないか、大丈夫か、と聞いてくる。興奮で頰が赤い。くぼんだ小さな眼が喜びに輝いている。時折、店の天井の上を鼠が一匹か二匹、全速力で駆け回るが、この鼠たちの大騒ぎも、聞えているのは私だけにちがいない。つかのま静けさがもどったとき、女の人が卵を二個買いにきた。ムスタファは申し訳なさそうな目を私に向ける。客の相手をしなければならないからで、一言「商売でね……」と言い訳の言葉を口にする。彼の家に厄介になっているあいだ、店の仕事をするのを見たのはそのときだけだった。

私はもう一時間半以上も見物人を相手にしていたので、疲れきってしまった。それで、ムスタファがまた心配顔で大丈夫かと尋ねてきたのをしおに、今晩私が寝るところにザックを置かせてもらいたいのだがと言ってみる。ほんとうは、熱をもってずきずきと痛む足の手当てをする必要がある。ムスタファはあわてて立ち上がり、私の頭陀袋《ずだぶくろ》を持って運ぼうとするが、その重さに気づくや、びっくりして口をとがらせ、荷物は私に任せることにする。ムスタファは私の宿の主であって、ポーターではないのだ。私たちは足元がぐらつく急な階段をのぼって、屋根裏に出た。瓦のすきまから空が見える。ぼろぎれの上の太った牡猫が、迷惑そうな目で私たちを睨む。この屋根裏の隅に寝室がしつらえてある。快適な部屋だ。大きな絨毯を敷いた上にベッドが壁ぞいに置かれ、反対側の壁ぞいには長椅子がある。このふたつのあいだに窓があり、スカーフ姿の娘たちが見える。彼女らは、食料品店にいる外国人に近づくことが許されないので、シルエットなりとちらっと見られやしないかと期待して、幸運を待っているのである。私は窓の前に立ち、娘たちに微笑みかける。娘たちは笑い声をあげて逃げてゆく。私はキョミュルリュクではあれほどきまり悪く感じたスターの座に慣れはじめている。ムスタファがベッドの上からカボチャの種を乾かしていた盆を取ってテーブルに置くと、私の寝室の用意が整った。彼はあらためて、なにか要るものがあったら言ってくれと念を押してから、姿を消した。私はこの人のすべてが好きだ、その笑顔、そのまなざし、その声、他人への並はずれた心配り。それら全部が集まって、類まれな調和を生み出している。

やっとひとりだ。足の手当てを始めると、ドアが細く開いた。男の子が鼻の先をのぞかせる。それから思い切りよく開け放ち、さらに三人の男の子を従えて入ってくる。四人とも私から目を離さず、無言で様子をうかがいながら反対側の長椅子に近づくと、ぴったりと息の合ったバレエの踊り手たちのように、四人そろって腰を下ろす。好奇心ではちきれそうなのが、いじらしいほどだ。私は沈黙を破った。

「こんにちは。私の名前はベルナールです」

子供たちはつぎつぎに名前を言い、それからまた静寂がもどる。四人はとても似ているので、誰がどの名前だったか、たちまちわからなくなる。両手を股のあいだに置き、腕を支えに軽く身を乗り出した子供たちは、彫像のようにじっとしている。驚異に見開かれた目だけが、私の足からザックへ、ベッドの上の衣服へ、サンダルへ、傷薬の瓶へとさまよってゆく。私は無言の凝視を甘受し、さながら身づくろいにいそしむミューズのごとく、足の手当てにとりかかる。こちらの状態は安定して、傷は広がっていないが、多量の膿が出る。

十分ほどの後、最初に入ってきた少年が立ち上がり、すぐさまほかの三人も真似をする。それから彼らは、おずおずと笑みを浮べ、別れの挨拶として無言でぴょこんとお辞儀をしてから、来たときとおなじように一列になって出てゆく。最後の一人がほとんど駆けるようにして出てゆくと、ドアが閉った。ひとりきりで外国人の前に取り残されるのが、それほど恐ろしいのだ。一分後、今度は二十歳くらいの青年三人が入ってくる。これはてっきりムスタファが階段の下にいて、遅れて来た者たちの見物を組織し、グループごとに送り込んでいるのにちがいない。ただここにいるだけで人々に喜びを与えられるとは、なんたる幸せ！　つべこべ言うことはない、私はこの役回りが気に入った。今度の客たちはずっと話好きだ。私のトルコ語もなめらかになる。ひとりは隣村の自動車整備工、もうひとりは兵役の最中、三人目は学生である。彼らは私を観察し、私の質問に答え、数分後には帰ってゆく。来客と来客の合間に、半ズボンを脱ぐのに成功した。着替えも、そうたやすいことではないのだ。ここでは入ってくる前にノックする人など一人もいないからである。それに、トルコ人は羞恥心が大変強いことに気づいていたから、だれにも不快感を与えないようにしたかった。訪問客のグループにムスタファが付き添ってくることもある。この思いがけない名誉で別人のように若返り、快活になった彼は、幸福を噛みしめている。若者たちが一人残らず彼を尊敬しているのは一目瞭然である。

訪問客の列はようやく途絶え、食べ物を載せた盆を手に主がひとりでもどってきた。私たちは絨毯の上にあぐらをかき、さしむかいで夕食をとる。私は西洋人にはまったく不慣れな姿勢を保つのに苦労し、背骨と両脚が悲鳴をあげる。

辞書の助けを借りてわかったが、ムスタファは私がフランスでなにをしているか知りたがる。私は今度も退職した教師だと答える。しかし、彼は私の職業なんかどうでもいい。彼が知りたいのは、私の家族のことや、どんなところに住んでいるかということだ。私は子供たちの写真を見せるが、彼は自分の子供たちの写真を持っていない。自分の写真だけでも手元に持っていられるように、彼のポートレートを写真に撮る。

夕食後、村をぶらぶらするが、まったく人気がない。粗末な小屋のなかで、村の共有テレビがザーザーいっている。白黒テレビだが、画像が乱れに乱れるので、目で見るというよりは心眼で見抜くというべき代物である。まるでスクランブルのかかったチャンネルのようだ。たった一人、暗がりのなかで椅子にちょこなんと坐って見ている人は、どうやら全部理解できているらしい。受像機は鉄の檻のなかに納まり、扉が大きく開け放たれている。最後の村人が帰るとき、夜の用心のために南京錠を下ろしてゆくという決まりである。腹ごなしにちょっとぶらついてみたが、たいして面白味がない。帰って寝たほうがましなので、重い足をひきずりながら帰路につく。

にぎやかな夜だ。三時半ごろ、不眠症の牡鶏が時をつくる。二時間後、イマームがスピーカーを通して祈りを呼びかける。つぎは鳥たちが鳴きはじめる番だ。トルコ人が選んだ標準時では、夜明けがとても早くなるのである。五時十五分には空が白みはじめる。この田園コンサートに、牧草地の分け前を要求する羊たちが加わる。羊たちの大騒ぎで牝牛たちが目を覚まし、六時半には待ちきれずにモーモー鳴き出す。私がベッドを出たのもその時間だ。ムスタファは私が起きるのを待ちかねていたにちがいない。床に足を下ろすや、朝食だと声がかかった。牛乳を混ぜ、蜂蜜をたらしたヨーグルトは子供のころの味がする。主は、今日はたくさん歩くんだからと理由をつけて、どっさり食べさせようとし、残らず平らげないと承知しない。

ごたごたと装備を身に着けて出発しようとすると、ムスタファは一緒に行って、正しい道に乗せてやると言ってきかない。朝の光を浴びた村から、すばらしい眺めが広がっている。村は丘の頂きにあり、どの方角を向いても遠くまで目が届く。「きれいだろ?」村を愛しているというムスタファがそう言う。彼は二度、村を出たことがある。一度目はイズミットに住む三人の息子たちを訪ねたときで、三人のうち二人は結婚している。二度目はアダパザルに行ったときで、そこは今夜私が泊る町である。七十一年の生涯のなかで、四十キロずつの旅が二度。しかし、それで彼に不満はない。年老いたムスタファは、素足にゴムのバブーシュのようなものをつっかけ、小股でゆっくりと歩く。爪先が外を向いた、チャップリンのような歩き方で、膝がこわばり、一歩ごとに体が右へ左へと傾く。こうしてゆっくりとしたテンポで、彼との会話を楽しみながら歩いたおかげで、歩き始めの苦しさを感じずにすんだ。一キロ先で私たちは歩みを止める。別れの時が来た。ふたりとも胸がいっぱいなのだと思う。私は気力を奮い起して手を差し出す。彼はその手を取り、私を引き寄せて抱擁してくれる。村の方に行くトラクターが通りかかる。彼はトラクターによじ登り、私はしばらくその場にじっとしたまま、一夜の友が遠く離れてゆくのを見送った。

都市の休息

今晩、私は町にいるはずだ。道はたやすい。今日にかぎって磁石と地図が一致する。行こう、今日はよい一日になる気がする。午近く、道端の喫茶店のテラスに坐っておしゃべりをする二人の男のそばを通った。彼らは私に向かって大きく手を振る。

「ゲル、チャイ、チャイ……」

茶? いいじゃないか。天気はよく、私のエンドルフィン工場が操業を再開したから、たいした苦もなく歩いている。飲み物を運んできたボーイは好奇心にさからえない。

「どこから来た?」

「イスタンブルから」

「まさか歩いてじゃないだろ?」

「もちろん、歩いてだよ」

ボーイは店の中にもどり、ニュースを吹聴して回る。居合せた二十人ほどの人が、うちそろってテラスに出てくると、私を取り囲む。質問が雪崩のように襲いかかる。

「国はどこだい?」

「ほんとにイスタンブルから来たのか?」

「どこに行く?」

「仕事はなにをしてる？」

「結婚してるのか？」

「子供は何人？」

トルコ人の好奇心は際限がなく、しかもそれをなんの遠慮もなしに満足させようとするのだ。客の一人が自己紹介する。やや肥り気味だが堂々たる押し出しの大男で、薄い口髭を生やし、三つ揃いを着込んでいる。元教師だが、ろくに食えない仕事は捨てて、実業界に飛び込んだということだ。いまはチェスの駒をつくり、ヨーロッパに売っている。

「工場《こうば》を見にきませんか？　通りの向う側にあるんです」

私たちは通りを渡った。機械に向かっているのは子供たちだ。十歳から十二歳くらいだろう。私は「実業家」に驚きをぶつける。彼にやましいところはない。

「仕事を教えてるんですよ」と、いかにも教育者ぶって彼は言う。

私は見学をさっさと切り上げ、荷物を背負い、実業家＝教師がどうしても受け取らせようとするチェスの駒ひと揃いを最後の気力を振り絞って断る。

アダパザルでは、大きな町ならではの匿名性を楽しんだ。やっと好奇心の的にならずに見て回れる。兵隊を乗せた車が街を縦横に行き交っている。歩道の娘たち――かならずグループか、少なくとも二人組で散歩している――はたいていが西洋風の衣服で、スカーフを着けないのが多数派だ。とはいえ、ミニスカート姿は見かけず、裾の長いワンピースやパンタロンで脚を隠している。

快適さに飢えていた私は、宿泊先の三つ星ホテルで服の洗濯を頼んでから、熱い風呂にうっとりと身を沈めた。洗濯代を確かめる用心を怠ったため、洗濯に部屋代とおなじだけ払わされるはめになってしまう。肝に銘ずべき教訓――村では心からもてなしてくれるが、私がたんなる観光客にすぎないここでは、ぼりにぼられる。

アダパザルはサカルヤ県の県都だが、町としての魅力がない。南の方では、県名と同じ名をもつ河が独立戦争のさいギリシャ軍との激戦の舞台となった〔一九二一年、サカルヤ河の戦い〕。ムスタファ・ケマル、すなわちのちのアタテュルクは、大反攻に打って出るまえに、ひとつの策略を用いた。彼は、攻撃のための参謀会議を開くにあたって、スパイたちが準備をかぎつけることを恐れた。スパイになにひとつ気取られないように彼が配下の司令官たちに命令を下したのは……サッカーの試合を観戦しながらだった。そのうえ彼は、司令官たるもの、部隊の先頭に立って戦闘にのぞみ、後方の司令部に留まってはならぬと命じた。敵は不意をつかれ、ギリシャ軍の半分は捕虜となって、反攻は勝利に終った。

たっぷり休息をとって元気を回復し、衣服一式も新品同様となった私は、足どり快調にふたたび道についた。アダパザルを出ると、風景が変る。野菜畑のひろがる広大な平野が、はるか遠くで陽炎に揺れる薄紫の山並に区切られている。つぎの宿泊地はヘンデクである。そこではキャラバンの歴史の名残に出会えるものと期待している。私が辿っている道は、イスタンブルとアンカラを結ぶ高速道路と並行する小さな街道だ。町を出るとき、飲物売りのトラックが私を追い越した。少し先に行くと、そのトラックが停まり、客を待っている。トラックはまた私を追い越し、しばらく先でまた停まっている。いたちごっこはさらに二、三回繰り返された。小さな村に着くと、飲物売りの男は通りのまんなかにいて、村中の女、男、子供、足腰のしっかりした老人の全員に注進ずみであった。本物の歓迎委員会である。彼らは知りたがる。笑みを浮べた興味津々の面持ちで、矢継ぎ早に質問してくる。いまでは私は、なにを聞かれるかすっかり心得ているので、答もすらすらと出てくる。

午ごろ、近くの小さな食堂で昼食。私のことを聞いていた店の主人は、食事代を三分の一まけてくれる。その少し後、最近百歳を越える母親を亡くした悲しみから立ち直れないでいる八十六歳の驚くべき男と茶を飲む。頭は老けているものの、肉体は信じられないくらい若々しく、精気をみなぎらせているようすからすると、バテることなく私についてこられるのは間違いない。ヘンデクの手前では、交通事故による犠牲者の慰霊碑の足元でしばらく休む。トルコ人の運転のしかたを考えるに、この慰霊碑は国民の無視すべからざる部分にかかわりを持つはずだ。

ヘンデクの語源は「宿屋」を意味する。ここは私にとって、シルクロードの跡を発見できるチャンスのある最初の町だ。十七世紀には少なくとも四カ所のキャラバンサライを持つ重要な宿駅だった。しかし、この町の交易史について研究論文を書いた医師のアフメット・ムフタル・クルヴァルが私に打ち明けて言うことには、往時の建造物はなにひとつ残っていないそうだ。最後の建物は一九二八年に破壊され、代りに麗々しく銀行が建てられた。数年前、その建物の正確な輪郭と位置を調査したドイツの研究者が、かつてキャラバンが辿った道の跡を見つけ出した。その研究者の発掘した石は、道の両端に沿って並んでいたのである。その発見があってすぐに、石は盗まれてしまった。モスクや宗教に関係のある建物は別として、トルコ人はその驚嘆すべき歴史が残した遺構を露ほども気にかけない。キャラバンサライは、オスマン帝国時代の美しい家並と同様、解体業者の餌食にならんとしている。

疲れきったと感じたわけではないが、快適なホテルで一日休息をとることにする。この小さな町の広場では、若い男たちが太鼓とラッパの音に合せて踊っている。徴兵検査合格の知らせを聞いたばかりの徴兵適齢者たちだ。トルコでは軍は絶大な威光を誇っている。兵役を果すことは名誉と考えられている。三十歳を過ぎても兵役義務を果していない男は、仕事を見つけるのが非常にむずかしくなる。

田園の平和

歩きなしのこの一日はよい効果をもたらし、懸命に手厚い治療をほどこしてきた傷が乾きはじめた。翌日、いつもの困難にも最上の気力で立ち向かう。手元の地図で見つけたイェシリヤイラに行く小さな道を探すのに、一時間近くかける。朝のこの時間に会った人は誰もその道を知らず、町の案内図はどこにもない。二、三本の道を辿ってみるが、家の中庭や畑のまんなかに出てしまったので、しかたなく、トルコを西から東に貫き、めちゃくちゃに交通量の多い国道百号線を行く。十キロのあいだ、轟音をあげるトラックや乗用車のせいで道路脇の溝すれすれに歩くよりほかない。その後やっと、南の方、田園の静けさへと伸びる小さな道が見つかった。

十二時、農夫が話しかけてきて、水を一杯どうかと言う。この人はおしゃべりをしたがっているようすなので、ひと休みするのも悪くない。私たちは彼の家に行った。彼は自分の仕事の話をする。ヘーゼルナッツをつくっていて、年に百トン収穫するという。ほかにもいろんなことを話すのだが、私はすぐについてゆけなくなったようで、なんの話をしているのかもよくわからなくなる。こうしているあいだに、彼の弟が昼食の用意をした。食事はテラスでする。私の好みからするとちょっと暑すぎるが、すばらしい天気だ。私はこの親切な人たちに牧歌的な歓待を感謝した。でも、また出発しなくてはならない。

なぜなのかとんとわかりかねるが、またしても道に迷ってしまう。五キロよけいに歩いていた。いたしかたなく回れ右。

汗びっしょりになったTシャツを替えるために、鉄道橋の陰に数分間避難する。突然、六人の兵隊を乗せたマイクロバスが現れた。彼らは五十メートルほど先に行ったところで私に気づき、猛烈なバックギアで戻ってきたのだ。防弾チョッキをつけた三人の兵卒が、銃を手に車から飛び出て、私を包囲する。彼らは引金に指をかけた自動小銃を私の足に向けており、冗談でないのは明らかだ。私も冗談を言う気分じゃない。兵卒たちの後ろに、若くて肥った平服の男が駆け寄り、安物のオードトワレの匂いをぷんぷんさせる。

「身分証明書」男が脅すように言う。

驚きあわて、動転しきった私はパスポートを差し出す。

「一緒に来てもらおう」と書類を見もせぬうちに彼が言う。

彼は非常に神経質で意地が悪そうに見える。私は勃然と怒りがこみあげ、抗議する。

「私は旅行者だ、証明書は規定どおりだ、あなたがたに私を逮捕する権利はない」

彼はためらい、車に戻ると、上官を電話で呼ぶ。たぶん私がテロリストである証拠を探しているのだろう、腹立たしそうに私の通行証の頁を後ろに繰ったり前に繰ったりしながら、その内容をゆっくり、だらだらと伝えている。上官は彼の気を静めたのにちがいない。彼の言うことはさっぱりわからなかったが、兵隊たちの振舞いがそれを示している。二人は車に戻り、もう一人は私の前に残ったものの、自動小銃を引金から人差指を離して腕にのせている。指揮官はやっと電話を切り、パスポートを返してよこすと、私の旅行の目的を尋ねる。それから、電話で私を不審人物として通報してきた人たちがいるのだ、とつけくわえた。戦争状態にあるこの国では、市民も軍人も同じようにびくびくしている。そして、みんながみんなを疑っている。

私の気力の状態を忠実に反映して、痛みという痛みが一時に目を覚ました。道が遠く思われ、みじめにも時速四キロで身をひきずるようにして歩く。野原でやせた牝牛が二頭、同じくらいやせた草を食み、それを時々見やりながら、幼い娘を膝にのせた母親が草のなかに坐って番をしている。子供は片手を母親の腿に置いて、気持よさそうによりかかり、母親は子供の黒く長い髪の虱《しらみ》とりをしている。私はこの美しい光景を盗み撮りしたくなったが、それはやめて、写真を撮るということを示すためにカメラを振った。母親は、ほほえみを浮べて優雅に首を振り、「だめ」と私に伝えた。残念ながら、写真に残すことはできなかったが、この魅惑的な情景は、いまもまだ網膜にそっくりそのまま焼きついている。その記憶は、むしろより強烈になっているようだ。

少し先に行くと、二人の男が牧草地の草を刈っている。二人はわずかに間隔を置いて並んで進み、同じ動きで大鎌の刃を振るう。まるで同じ仕掛けで動く機械のようだ。私は子供のころに見て以来、このときまで手で牧草を刈る姿を一度も目にしたことがなかった。離れたところで、もう一人の男が裸足で草に腰を下ろし、切れ味を取り戻すために自分の道具をたたいている。田園の平和そのもののこのふたつの光景が、宙づりになった遠い過去の世界に私を呼び戻し、そのおかげでいくらか元気を回復することができた。

旅人よ、ありがとう

こういう田舎の小さな道では、昼食をとろうにも食堂がない。仕方なく一昨日買ったパンの切れ端をかじる。また道に迷う。太陽は容赦なく照りつける。足と腰が痛く、汗が背中をたらたらと流れ落ちる。不運の極みは、榛畑の区画のすべてに通じている、果てしなく枝分れする土の道に出てしまったことだ。もちろん、こんな道は私の地図に載っていない。磁石を見ながら、おおよそ東の方に向かって闇雲に前に進む。やっと村に辿り着くと、じいさんが寄ってきた。

「どこの国から来た?」

「フランスから」

「わしらの国は友達じゃ。うちで飲物をやろう。どこへ行く?」

「ハジュヤークプへ」

「道が違うぞ、倅《せがれ》がほんとの道まで連れてってやるさ」

アイランという、ヨーグルトと水を混ぜた冷たい飲物をすすめられる。冷たい飲物がこれほどの満足を与えてくれるのは初めてだ。それで私は、この気のいい老人を前にして、道しるべのあるハイキングコースを遠く離れて歩く者だけにたっぷりと与えられる、時代後れの幸福を遠慮なく味わう。息子のハサンが、小さな運搬用の車をつないだ耕運機のエンジンをかけた。ドライブがうれしい三人の子供たちも車に飛び乗って、私たちは榛畑のあいだを縫って走る。穴ぼこのたびに車が跳ねる。子供たちがキャッキャッと笑う。それから車は、丈の低い草のあいだに野生の石楠花《しゃくなげ》の花がとりどりの鮮やかな色彩を迸らせている丘の登りに挑む。ハサンはその先の小さな丘の上で私を降ろし、下に見えるのが私の辿るべき道だと教えてくれる。夕方五時か六時以降は歩かない方がよいと忠告を受けているが、時間は遅くなっているのに、宿がみつけられそうなところはまだ遠い。

何千本もポプラが植わった、ひどくじめじめした谷に入り込む。疲れ果て、痛みにうめきながら、傷がすぐに治りはじめないようだったら、何日か泊って、完治を待つよりないだろうと思う。ギョルヤカという小さな町に到着したときには、七時を回っていた。おかしなことに私の地図ではギョルカヤという名前に変えてある。またしても敵を欺く軍の手だ。ホテルはない。私の地図では、もうひとつ、ハジュヤークプという町がここから六、七キロ先にある。そこに行ってみよう。追い剝ぎが待ち伏せしているかもしれない時間だとしても仕方がない。ギョルヤカを出たところで、分れ道。右に行けばいいのか、左に行けばいいのか？　中庭でサッカーをしていた若者たちが私のまわりに集まった。

「ハジュヤークプまで行くんですか？　でも、遠いですよ。少なくとも十五キロはある」

「私の地図では七キロだけど」

「それは間違ってる」

そう言われても、今回は驚きも半ばまでである。

「ハジュヤークプにホテルはあるかな？」

「いいえ、ないと思います。でも、もう遅いし、ぼくたちの客人《ミサーフィル》になっていただければ、とてもうれしいですけど……」

こうして、彼らはこの思いつきに大喜びしているようすだし、私は疲れ切り、すっかり元気もなくしていたから、招待を受けることにする。彼らは、さまざまな専攻の学生がいる学生寮で暮している。寮の運営費は宗教財団によってまかなわれている。学生たちはみな熱心な信者だ。規律はスパルタ式である。学期中は、毎朝五時半起床。夜は十時まで勉強。施設は非常に大きく、いまは休暇中だから、実家に帰っている学生が多い。私の宿主たちは、いそいそと空いた部屋をあてがってくれる。

シャワーを浴びているあいだに、賄いの人が、寮生の夕食が済んで、もう鍋を片付け終っていたのに、私のために食事をこしらえてくれる。食べているあいだじゅう、若者たちの質問が雨霰《あめあられ》と降りかかる。たびたび話が通じないことがあるが、私の下手糞なトルコ語と彼らの大雑把な英語とで、なんとかやりくりできる。その後しばらく、広々した談話室で、話が続けられそうな話題をあれこれ試して時を過した。彼らは細々と気をつかってくれ、下にも置かぬもてなしぶり、私はされるがままになっていた。とくによく気をまわしてくれるのは、ヒクメットという、ここの寮長を務めている経営学の学生だ。彼は二十四歳で、あと三年学業を続けねばならない。その後に待っているのは、二年間に及ぶ兵役で、これは軍隊と戦争の文化が課す義務である。

アンバルジュでムスタファがそうだったように、ヒクメットは私の庇護者役で、仲間たちに私はもう休みたいはずだからと言って、質問をやめさせる。翌朝起きてみると、彼はもう私が早立ちできるよう、せっせと用意万端を整えている。私たちはみんなで一緒に朝食をとった。ヒクメットは町の薬局に一緒に行って、私の欲しいものを説明してくれた。足の治癒を速めるための粉末消毒薬である。それから私は重い荷物を背負い、ヒクメットは私の行く道までついてきてくれる。彼には心を打たれた。別れぎわに彼は私に頬を寄せ、英語でこう言った。

「ありがとう、ベルナールおじさん」

どうして、ありがとう？　トルコのすべてがここにある。この場面をヴズルとかモントバンといったフランスの地方都市に置き換えていただきたい。そこでこんなふうに言うのを耳にできると思うだろうか、「ありがとう、ヒクメットおじさん」と？

連想はめぐって、私はアラブの有名な旅行家で、アヒーヤのことを旅行記で語るイブン・バットゥータのことを考えている。アヒーヤとは、今から六百年前、旅人の接待を専門としていた宗派である。イブン・バットゥータはこう記している。「この地上で彼らほど旅人に気を遣い、進んで旅人に食事をふるまい、その望みをかなえようとする者を見出すことはない」。そして彼の語るところによると、アンタルヤの少し手前の町で、異邦人の接待を行とするトルコ人の二つの団体が、旅の途にあった彼と従者たちを接待する名誉を求めて、三日月刀に手をかけ、相争わんばかりになったとのことだ。結局、仲裁とくじ引きにより、旅人たちは両派の提供する宿舎にそれぞれ四日ずつ滞在することになった。

この後、私はチュルチュルという村で民家に泊めてもらうことになるが、その先で会った教師が、かつてはどの村にも訪問者用の家または客室があったものだ、と教えてくれた。

その伝統は継承されていないとはいえ、私がイスタンブルを出発して以来、村々で受けてきた接待は、伝説が語り広めてきたところにまことにふさわしいものである。

疑念 Ⅳ

田舎の結婚式

東に向かって舗装していない道を辿るつもりなのだが、分れ道に出てしまった。分れ道は大嫌いだ。バスの停留所のそばで男が二人、庇の下のベンチに腰かけている。私は挨拶した。

「ベイキョイに行く道は、右ですか、左ですか？」

二人とも自信たっぷりに、吹き出したくなるくらいぴったり同時に別々の道を指差す。「どちらもベイキョイに行くんですか？」

「いや」と二人は同時に言う。そして、どちらも自分の教えた道が正しいのだと主張して、言い争いを始める。そこへサイクリング中の人がふたり、話に首をつっこみ――トルコでは会話が始まるやいなや、みんなが話に加わろうと押し寄せる――、いさかいをとりなしてくれた。

「おれたちはベイキョイに行くところだから、一緒においで」と彼らは言う。

左の道が正しかった。自転車乗りたちは感じがいい。ひとりは私のザックを荷台に載せてくれる。私はいっぺんに身軽になり、太陽が輝かしく見える。ある村では、田舎の結婚式の賑やかな音楽に引き寄せられた。農家の中庭の中央で、楽隊の演奏に合せて、十人あまりの男が輪になって踊っている。たった三人でやっているのだから、楽隊というのはいかにも大袈裟だが、それにしてもなんと驚くべき演奏！　太って脂ぎった口髭の男が懸命にズルナからまといつくような音を絞り出し、それを小柄で恐ろしく敏捷なアコーデオン弾きが素速く繰り返し、装飾を加えて踊りに合ったメロディーに仕立て、それを哀愁に満ちたヴァイオリンが和らげる。私は心を奪われた。結婚式のための曲なのだろうか？　私には、この音楽は東洋的というより、すぐれて普遍的なもので、ふたつの人生が結びつく日に起ることをひとつ残らず写し取ろうとしたもののように思える。気ままな青春は、責任と労苦の生活に場を譲ることになる。けれども、たしかに事態は深刻だが、同時にそれは喜ぶべきものでもある。なぜといって、ふたつの心が相寄りそうことほど愉快なことがあろうか？　男たちから少し離れて、娘たちが何人か、両手を天に差し伸べながら、くるくる回っている。彼女らは、夢に描く未来の良人《おっと》を天がつかわしてくれるよう祈っているのだろうか？　花嫁――自分の身に起っていることに驚いているような、ごく若い、おとなしい乙女――はというと、もはや思い悩むことはない。椅子に坐らされた彼女は、そろって地味な身なりのばあさん連中からなる宮廷に、女王のように堂々と君臨している。このばあさん連は、花嫁に最後の忠告をたっぷり聞かせてやろうとして控えているのに相違ない。というのも、まだ嘴《くちばし》の黄色いうちは、知恵ある者の助言がぜひとも必要だからである。そのほかの参列者は、甘ったるい菓子をぱくついている。アイスクリーム屋が三輪自転車で出前に来ている。私たちは食事を一緒にと誘われたが、招待は辞退した。

　ベイキョイに入ったところで、自転車乗りたちと別れる。今日は日曜日、彼らはいつもの日曜と同じように、自転車の遠乗りをしたあと、家族のもとに帰るのだ。ザックが荷台から私の背中へと戻ってきた。喫茶店のテラスで茶を飲みながら、自問する。もっと先に行くべきか、それともここに泊るべきか？　ベイキョイの先で私を待ち受けるのは、起伏の激しい広大な森である。午後もかなり遅くなったから、いま出発するのはリスクが大きいかもしれない。隣のテーブルでおしゃべりしていたタクシーの運転手二人が、道はたやすいと請け合う。彼らは地図を描いてくれる。三カ所で方向転換することになる。各区間の見積りは、まず五キロ、つぎが二キロ、最後が三キロだ。その後はちょっとややこしいが、誰かに聞けばいい。こんなに詳しく教えてもらったのに安心して、私はふたたび歩き出した。

もっと先へ

まだ昨日の疲れを引きずっていて、士気はあまり高くない。なにより足が心配だ。靴対足の対決では、靴が足に慣れるか、足が靴に慣れるか、ふたつにひとつだ。今のところ、勝っているのはへぼ靴の方である。それで、革が柔らかくなるように、機会があるたびに水の中を歩くことにしている。この長い苦しみの原因は、ひとえに靴のべろを縫い付けてある位置が低すぎることにある。一歩進むたびに、その縫目が折れ曲がり、ギロチンのように私の足の指をちょん切ろうとするのだ。

急流沿いの鋭く切り立った渓谷に、今日の日曜日、家族連れがピクニックに来ている。子供たちが裸足で川に入り、ざりがにを手で捕まえる。大人たちは、石をふたつ並べて作った即席のコンロでそれを焼く。空は雲に覆われてしまった。私は重い足をひきずっている。タクシーの運転手が教えてくれたことは、方角については正確だが、距離はいいかげんだ。最後の区間は、彼らによれば三キロ、すなわち徒歩で四十五分くらいのはずだが、もう一時間半以上歩いているのに終点が見えてこない。突然、道は急流にぶつかり、右に折れ曲がって急な登りの山道になった。その道をたっぷり三十分も歩いたころ、木こりたちに出会った。川の浅瀬を渡らなきゃいけなかったんだ、と彼らは言う。わがタクシーの運転手諸君は、この細部を忘れていたのだ。回れ右、靴を脱いで、川を渡り、足を乾かし、包帯をやり直して、ふたたび出発。私はベイキョイに泊らなかったことを後悔しはじめた。

私を先へ先へと駆り立てるものはいったいなんなのか？　良識と慎重さは、止まれと命じていたのだ。私は自分が恨めしい。だが、どうしてもそうせずにいられない。もうひとがんばり、さらにもっと先へ、まるで最初から抑えのきかない弾みがついていたみたいに、自分を抑えることができない。この点に関して私は自分自身にきわめて批判的である、と同時に第一の被害者なのだ。私を突き動かすこの歩きに歩くことへの狂おしい欲求はなんなのだろう？　虚栄心か、自尊心か、持久力を試したいのか、なにかの記録を塗り替えたいのか？　本当のところ、私は満足のゆく答を持ち合せていない。けれども、この気持とは、長距離走をするようになって以来、ということはもう二十年くらい、親しく付き合ってきた。

たいていのスポーツとは違って、長距離走は、一部のトップランナーを別にすれば、他人に勝つことを目的としない。三十五キロ地点を過ぎ、体が音を上げながらも、複雑な化学の法則の命ずるとおり、脂肪を飢えと痛みに苦しむ筋肉が摂取できる栄養に変えるとき、走者はなくなりかけたエネルギーを自らの頭と腹に求める。やがて走者がかけがえのない何秒かをわがものにできるかどうかは、大脳と腹腔のなかにうねりくねるもの同士の協力に、自尊心の奮起にかかっているのである。四十二キロを過ぎ、ゴールを越えた瞬間、彼は筋肉を痙攣させながら、記録時計を振り向く。そして、幸福はそこに、前回の記録を上回った数瞬のなかに隠されているのだ。マラソンランナーにとって、自分にふさわしいライバル、しかし、いつの日か及びもつかなくなるライバルは一人しかいない。自分自身だ。

徒歩旅行について言えば、自分を超えたいという欲求だけですべてが説明できるわけではない。たしかに、もう少しだけ先に行ったところの草、丘の向こうの、この村の先の、あの峠を越えたところの草は、より青く見える。だが、私を前へ前へと押し出すこの制御不能の弾みに加えて、ひとつの抑えがたい不安がある。目的地に辿り着けないのではないかという不安だ。そこで、金をためこむ守銭奴のように、足りなくなるのを恐れて、キロ数をせっせとたくわえるのだ。目的地に吸い寄せられるように、私は荷をかつぎ足を交互に前に出すだけの力が残っているかぎり、歩きに歩く。けれども、義務といっては自分で決めたものよりほかにないのだから、これは筋の通らない話だ。私には守らなければならない期限などないし、一日ごとに到達すべき目標地点もなければ、踏破すべき最小距離もない。なるほど、一年ごとの四行程で、西安まで行かなくてはいけない。だが、もう一年よけいにかかったとしても、それがどうだというのだろう？　さしあたり、制約はひとつしかない。イランのビザの有効期限が切れてしまう前にイラン国境に達することだ。それも今のところ、パリで周到に準備した計画に後れをとっているわけではない。まったくその反対だ。だから、落ち着けよ、と自分に言う、落ち着けよ。

日暮れて道遠し

浅瀬の後、樅《もみ》の森のなかを急角度に登る林道をたっぷり一時間は歩いたが、人っ子ひとり出くわさない。さらに行くと、子供を連れた夫婦――子供は父親お手製の妙ちきりんな木の車に跨《また》がっている――が、私を安心させてくれた。道はこれでいいのだ。さらに十五分歩くと、そこが分れ道。右か、左か？　いまいましい分れ道め。地図はなんの役にも立たない、こんな道は載っていないのだ。磁石は、どちらかというと東は右の方らしい、と曖昧な教え方をする。私は右の道を選んだ。どんどん暗くなってくる。五百メートル先まで行くと、製材所のわきの小屋のまえで白い犬が狂ったように吠えかかる。明りが見える。私は人を呼んだ。男が出てきた。アルビノだ。正直なところ、乳色の犬といい、オパール色の男といい、下りてくる夕闇のなかでどこか非現実な感じがして、私の感覚は一瞬ぐらついた。

　また道を間違えていた。

　執拗な白犬の吠え声に邪魔されながら、抜けるように白い肌の男に、分れ道で左に行くべきだったと聞かされる。サズキョイはたしかにいちばん近い村で、ここから二、三キロだという。

　今度という今度は、足を引きずるばかりの情けないのろのろ歩きになる。すっかり暗くなった。夏至が近いというのに夜は早く、八時半ごろには暗くなる。そして、すぐに寒くなる。一時間歩いても村の気配さえ見えてこないので、気乗りはしないが、野宿するしかないとあきらめた。この敵意に満ちた森のまんなかで、屋根もなく、寒さに震えて眠るのかと思うと、かなり不安になってくる。あのアルビノの男のところで宿を乞うべきだったのかもしれない。意地を張った結果がこれだ……。さいわい森のなかの空地に出て、なんだ、ここに寝るのにぴったりの居心地のいい客間があるじゃないか、とひとりごちたそのとき、左の方でスピーカーを通して祈りを呼びかける声が響き渡った。助かった！　十五分後、人家が見えてきた。九時半だ。少なくとも十一時間、私は道の上にいた。

　戸を叩きに行くのには、いちばん大きくて、いちばんきれいな家を選んだ。年老いた男が出てきて、不審の目でこちらを見つめる。私は自分が何者で、どこへ行こうとしているのかを説明しようとしたが、疲れすぎていたせいだろう、トルコ語の語彙がとんずらを決め込んでしまう。こうなったら最後の手段、例の「開け胡麻《ごま》」メッセージを取り出して渡す。相手はそれを読み、たっぷり時間をかけて私を眺めまわすと、人差指で額を何度かたたいた。気違いめ。それはまったく予想もしなかった反応だし、私は目的地に辿り着き、不安から解放されたのが心底うれしかったから、むっとするどころか、吹き出してしまった。すると相手も笑みを浮べ、体を引いて、私を招じ入れてくれた。

ネヴザットは農民だ。七十歳で、病気の妻と娘のシュクランとともにここで暮している。この村の住民がみなそうであるように、一家はもともとカフカスの出で、祖先の言語と文化をまもってきた。広々した二階建ての家は快適で、勧められて浴びたシャワーのおかげで疲れが少しとれた。だが、前に言ったように、私はキロ数のためこみ屋、とにかく自分の疲労困憊を数字に表し、帳簿につけたい。ネヴザットがいろいろ教えてくれ、私のぼろ地図の助けも借りて、今日の歩行距離をおおよそ計算できる。私が踏破したはずの距離は、三十八キロから四十キロ……それも道に迷った分を入れないでだ。足し算の結果に、われながら感動する……。

夕食の後、家の主人は私を大きな部屋に連れ込むと、続けざまに煙草を吸って、せっせと煙を充満させ、そこでついに、私という人間が彼につきつける謎、彼がなんとしてでも解明したいと願う謎に全力で取り組みはじめた。いったいなぜ私はこの冒険に身を投じたのか？　わからん、彼はこの問いをいくらひねくりまわしても、どうしても答が見つからない。と突然、勝ち誇ったように笑みを浮べ、親指と人差指をこすり合せる。

「パラ！（金だ！）　金のためだろうが？　チョク・パラ？（たくさんの金？）」

とんでもない！　私は興味の焦点をいくつか挙げてみた。シルクロードという歴史的興味、歩くことのこの上ない愉しみ、見知らぬ人々と出会う不思議な愉しみ。主は一言も信じず、自説を譲らない。彼にとって、私を動かすものは金なのだ。私の貧しいトルコ語では、ややこしい議論はこなしきれず、しどろもどろになるばかり、やけくそになって辞書を引きまくるのだが、なんの足しにもならず、主は最後まで考えを変えないのだった。彼は夜の祈りをするからと、私に部屋から出るように言い、やがて、われわれは床についた。

この冒険の今後について深刻な疑念が沸々と湧いてきて、なかなか寝つけない。これ以上先に進めるだろうか？　傷は治る気になってくれるのか？　傷口がふさがるまで歩みを止めるべきだろうか？　この国で正しい道を見つけるにはどうしたらいいのだ？　GPSを持ってくるべきだった、衛星の位置測定によって自分の居場所がわかるあの装置を。このさい、靴を替えてみたらどうか？　いやだめだ、薬は病よりなお悪し、という諺どおりになってしまう。そんなことをしたって、いったん火のついた化膿は治るまいし、新しい靴をまた「はきつぶす」ことが必要になる。それに今度こそ足にぴったり合った靴を見つけなければならないが、そもそもこのあたりでそんな靴が探し出せるとしてのことで、いろいろ考えてみるに、その可能性はきわめて低い。やがて疲労が私を眠りに引き込んだ。

おいしそうな匂いで目が覚めた。台所でシュクランがボレッキという、きれいな三角形をした揚げ物を作っている。彼女はドイツのある会社でデザイナーをしていたと言う。母親の看病をするために帰国したのだ。揚げたてのパリパリしたやつをひとつくれると、自慢の庭がどんなにきれいか見てきてくれと言う。私は庭のベンチに腰を下ろし、素足に朝日を浴びながら、世界が明けてゆくのを眺める。彼女の植えた薔薇《ばら》は今が花盛り、かぐわしい香りを漂わせている。美しい女《ひと》が私を台所から追い出したのは、仕事の邪魔をされたくなかったからか、噂の種を提供したくなかったからか？　こういう小さな村では、宗教や社会の規範もあることだし、結婚という絆で結ばれていない男と女が二人きりでいると、どうしても悪い噂が立ってしまうのだろうか？

通信制学校の先生をしている彼女のボーイフレンドがやって来て、仲間に加わった。彼女はわざわざ私のために作ってくれた揚げ物を、きちんと積み重ねて包みにし、ザックに詰めてくれる。出発まぎわ、ネヴザットと二人きりになったとき、私は感謝の気持を表したくて、お金を少しばかり差し出した。もちろん、彼は受け取らない。ところが、私が手に札を持っているところにシュクランが現れ、怒りで顔を真っ赤にすると、父親に向かって微塵も容赦なく、こう言い放つ。

「まさかお金をもらったんじゃないでしょうね！」

いやいや、きれいなお嬢さん、安心なさい。きみのお父さんが私を金で動く人間としか思えないにしても、それをいいことに、あなたがたのもてなしの心という、神聖侵すべからざる信条に背くなんて真似はできっこありませんよ。

多民族で階段状の国トルコ

サズキョイも最初の日の宿泊地ポロネズも、トルコ国内にある非トルコの飛び地である。歩きながら思いを馳せたのは、少数民族が独自性を保っている中欧の国々やロシアのことで、これは何波かにわたってフランスに移住してきた外国人を同化させようとしたわれわれの国家政策とは正反対のやり方だ。数年前、私はルーマニアでドイツ人が住む村をいくつか訪れる機会があったが、彼らは自分たちの言語と文化を何世紀も前から完璧に守り続けていた。ネヴザットもシュクランも祖先を誇りにしている。ヘンデクでも、クルヴァル医師が私に会うなり自慢げに告げたのは、父親はグルジア人で、母親は黒海沿岸地方を発祥とする小さな民族ラズ人だということだった。

今日は出発してからカタツムリ歩きである。私の足が惹起する痛みは、ただ聖人のみが望み得る苦痛への忍耐力と我慢強さを要求するのである。一時間以上たって、やっと呻き声を洩らさずに進めるようになった。今日は二十キロを超えまいと心に誓っている。アダパザルを出るときに見えた山並の麓まで来ると、選択の余地はない。あの山並を越えるには、小さな道を離れ、国道百号線を行くしかないのだ。トルコは、海と同じ高さのイスタンブルから始まる階段で、最後の段は海抜二千メートルのエルズルムに達する。今日、私が越えなければならないボルダウ（ボル山）は、その階段の恐ろしく急な一段目に当たる。坂道の下で、私の高度計は三百メートルを示す。頂上では千メートルになるはずだが、そこはここから七キロもないのである。

トラック軍団

何百台もがバンパーをくっつけるようにして、上り下りの二列縦隊をつくっている。このトラックの群は、間違いなく地獄の前触れである。エンジンが、ねっとりした黒煙をもうもうと吐き出しながら、呻きをあげる。セカンドギアの下りで、エンジンが唸りまくる。キーッとブレーキの軋る音と、圧縮空気を吹き出すコンプレッサーのくしゃみが耳をつんざく。燃焼しきっていない軽油の煙は、渦を巻いて空気に毒をまき散らし、さらに昇って中間圏まで汚染するに相違ない。げっぷを繰り返す鋼鉄の怪物たちに囲まれた私は芥子粒《けしつぶ》同然の歩行者、照りつける太陽に打ちひしがれ、運転手たちの難詰するような目やぎょっとして見開かれた目に見下ろされながら、登りに挑む。この身がちっぽけな壊れもののようで、いまにも圧しつぶされそうな気がする。トラックが正面から見えるように、道路の左側を歩く。ガードレールと深い谷との間はとても狭いので、そこを歩くのは危険すぎる。それで、ガードレールの鋼板と、私とすれすれのところを通り、なかにはザックをかすってゆく図々しいやつさえいるトラックとの隙間に身を置かざるを得ない。本気で怖くなってきた。なぜといって、私がトラックとガードレールのあいだでぺしゃんこにされ、死体がまっさかさまに谷底に落ちていったとしても、いったいだれが気にかけるというのだろう？　いましも、領土の端っこがゴキブリもどきに占領されたのを見て頭にきた運転手が、すれちがいざま、耳を聾する圧縮空気を一発見舞っていった。

　早くも坂道の最初の一キロで、新米の荷かつぎ人夫みたいに汗をかいた。Tシャツが濡れきってしまうと、汗は背中を流れ、尻のあいだに入り込み、脚を滑り落ち、靴にしみ入り、忘れがたい刺激的な湯浴みをさせてくれる……逃げ場のない私の足に。左手の眺めはすばらしい。目のくらむような絶壁のそこここに、屑鉄と煤煙と岩だらけのこの風景のなかでは思いがけなく、石楠花が今を盛りと花をつけ、目がそちらに吸い寄せられるようだ。斜面を彩るものとしては、墜落死したトラックの錆びついた残骸がいくつか目につく。さらに目についたのは、何カ所かでガードレールがひん曲がり、押し倒されているさまで、ぶつかった車の運転手は一生一度の恐怖を味わったにちがいない。この一帯はスケールがどでかく、目眩《めまい》がしそうなほどで、人間を寄せつけない。ずうっと下の谷のいちばん底、私の足の真下で、ブルドーザーやアングルドーザーのような土木重機が動き回っている。この工事――五年前から続いている――は、アンカラとイスタンブルを結ぶ高速道路の最後の区間だ。巨大工事であり、山をえぐり、とてつもなく大きな橋を奈落に渡さなければならない。

　旅人がこの道で味わう苦労をよく表しているように思える歌がある。それは古い民謡で、この「ボル」

街道を、それにふさわしい言葉で歌っている。

島の道はずっとまっすぐ、ほら、かわいい娘がおでかけだ
娘は道をまちがえた、ありがたや、娘よこっちに来るがいい
ボルの島の道は恐ろしい、ボルの山は煙を吐いてる
さあみんな、サズをかき鳴らせ、そら、お祭騒ぎをやらかそうぜ
島の道には栗がいっぱい、ほら、ひとつひとつと落ちてくる
娘たちが道に並んだ、そら、ひとりずつもらいに行こう

やっと頂上に着くと、汗で透けて見えそうなTシャツが肌に貼りつき、半ズボンはぐしょ濡れだ。岩鼻に建てられた食堂のトイレでシャツを替える。あとは着たままで乾くだろう。谷を見下ろすテラスの席で昼食。車の騒音からやや離れ、たっぷりのメルジメック・チョルバス――やっとこの精のつく赤レンズ豆スープの名前を覚えた――で元気を取り戻した私は、丈の高い草の茂みを一列になって進む動物たちを従え、この急坂を黙々と登ったにちがいない、かつてのキャラバンに思いを馳せる。ブルドーザーなんてなかった時代だから、道は場所によっては動物が一頭ずつしか進めないほど狭かった。土地の領主であるパシャは、そういう場所を関税取立て所として選び、荷を積んだ駱駝に課した税金を徴収する役人を置いたのである。十七世紀、ジャン＝バティスト・タヴェルニエが通行料を記録している。駱駝は半ライヒスターラー、荷馬は四分の一ライヒスターラー。乗用家畜は税が免除された。駱駝引きは、

一人につき三頭まで乗用家畜を持つことができた。私はこういう時代を現代に重ね、トラックは駱駝に相当し、一ライヒスターラーは一億リラに当たると言ってみるのだが、どうもピンとこない。物を読むにも文字が変り、楽譜は音符と音部記号を変えてしまったのだ。

谷の上の見晴し台から見ると、トルコで鉄道よりも道路が選ばれた訳がよくわかる。牛馬の首当てが発明されて以来ずっと、諸国民は商品の運搬方法として、引くか、載せるかのどちらかを選んできた。引くのは、牛馬に引かせる四輪車、二輪車などであり、今日では列車である。載せるのは、バクトリアのフタコブラクダとかヒトコブラクダ、それに馬であり、現代ではトラックだ。アメリカでは列車が優位に立った。トルコは地形からして、選択の余地がほとんどなかった。階段の国を汽車が走るのはむつかしい。ここで鉄道輸送を実現するには巨額の投資を必要とする。トルコにも何本か線路が建設されたが、ほとんどが単線で、列車の速度は甲虫なみであるのに対し、道路はどこでも最新型の長距離バスが猛スピードで飛ばしている。これらの快適な大型バスは、どこの町や村からも姿を現し、道路を静々と流れて、国中に交通網を張りめぐらしている。一方、巨大な群をなすトラックは、ありとあらゆる家庭用品、すべての食べ物、この国の栄光であり誇りである、なんでもかんでも一切合財をごたまぜに満載して、すべての道路ですべてを運ぶことに励んでいる。

ハマムとキャラバンサライ

今日は二十キロ以上は歩くまいと心に決めていた。しかし、ボル越えの道の頂点に建つこのホテルに泊るのは、つまりは地獄の門でダンテに出てきそうなトラックやバスの恐ろしい騒音と、乗客たちを歓迎してわめき立てるスピーカーの音に包まれて寝ることになるわけで、どうも気が進まない『神曲』の地獄の門には「ここに入る者は一切の望みを棄てよ」との碑銘がある)。足は例の汗風呂に満足しているようで、もう気にならない。話は決った、先に行こう。峠の後は短い下りとなり、標高九百メートルまで降りる。果てしなく広がる平原が森を追いやっている。はるか遠く、何十キロも先で視界を遮るのは、青の濃淡で息を呑むような単彩画を描く山並である。途中、ほかのホテルはなく、結局、朝から三十五キロを歩いてボルに着いた。

町は開発業者が細民をぎゅう詰めにする高層・低層のアパートからなる壁に取り巻かれている。土地は広大で、地震が頻発するこの国で、建築家を高層住宅の建設に駆り立てるものはなんなのか? より天に近づくためでもあろうか?

ボルでは、一三二一年建造の大変美しいターリヒー・オルタ浴場《ハマム》で、汗をかいて汗を流した。浴場を照らす光は戸外の光で、円天井にはめられたガラスのブロックによって屈折する。ガラスを通った太陽光線は、空中に漂う蒸気のなかで七色に分かれる。私は輝く霧を味わい、それが気分を落ち着けてくれる。やっと休息がとれる。

それから、観光をすることに決め、キャラバンサライを見学することにした。それは「タシュハン」のひとつで、「ハン」は町なかのキャラバンサライを指し、「タシュ」は石を意味する。建造は一八〇四年だから、比較的新しいものだ。それ以前は、キャラバンは現在の町の北を通る道をとっていたのだ。ここのハンは保存状態がとてもよく、長方形の中庭にあるお定まりの「喫茶店」は、アーケードの涼しい日陰で休憩したり、打明け話をしたりするのに絶好の場所だ。かつて旅人にあてがわれた房は、職人や小商人が入っている。いちばん奥にある本屋をやっているのは、巻毛の金髪で、分厚いレンズのはまった小さな近眼鏡をかけたスポーツマンタイプの男、ムスタファ・アチュクユルドゥズである。彼は妻のエミネとともにフランスで二十一年間暮した。外人部隊に所属していたのだ。地元の企業に勤めるリヨン出身のエンジニアと話すときをのぞいては、フランス語をしゃべる機会がめったにないという。私はフランスでの暮しや外人部隊での勤務について聞いてみた。彼は話をそらし、話題を避けようとする。写真を撮ろうと言うと、きっぱり断られる。私たちは気まずいまま別れた。

私は町にいるのをさいわい、文明生活に戻った——なかでも家族や友人の近況を知り、私のその後の運命について彼らを安心させるために、インターネットで連絡をとった。すでに気づいていたが、トルコの都市は、中規模のところであっても、ほとんどどこにも「インターネット・カフェ」があり、コミュニケーション狂の老若で大賑わいなのである。

エンジンは言葉を奪う

汗風呂のおかげか、ヒクメットに付き添ってもらって買った粉末消毒薬のおかげか？　翌朝、傷がふさがりはじめているのに気がついた。治癒を早めるために、ごく短い行程にすることに決める。でも、用心しなくてはいけない。せっかく悩んだ末に無理のない予定を決めても、それを必ずオーバーしてしまうという私の困った癖を、今度こそ根絶してみせると誓ったのだから……。そこで、午後三時ごろになってやっと町を発つ。こうすれば、夜と危険が避けようもなくやってくるまでに、三、四時間しか歩けないことになる。

太陽が燦々と輝いている。客を詰め込んだミニバスが停まり、運転手が乗れと言う。断ると、ふくれてしまう。一時間後、庭を駐車場にしたところを通りかかると、その運転手が走り寄り、声をかけてくる。

運転手仲間ともども私を囲んで騒ぎ立てる。みんな、昨日か今日、道路で私を見かけ、好奇心のかたまりになっているのだ。

「ゲル、チャイ」

「国籍は？　どこから来た？　どこに行く？……」

私は甘ったるい茶を何杯もちびちび飲みながら、毎度おなじみの質問の連続に愛想よく答えた。面白いのは、体を動かすことといえば、クラッチを踏み、ブレーキを踏み、アクセルを踏むだけのこの男たちが、彼らにとっては火星人同然の歩行者に魅了されていることだ。彼らの目には、よくやったという賞賛と、憐れみのまじった皮肉の色が少しと、どうも信じられんという気持とが一度に浮んでいる。車で旅行できるのに、歩いてなんになるのか？　もちろん、彼らはまた少し先まで乗って行けと誘う。けれども、今度は断っても気を悪くしない。

語彙不足のせいか、キザに見えるのがいやなのか？　とにかく、彼らに説明するのはやめておく。しかし、私たちが茶を飲みながら、くつろいでおしゃべりしたこと自体が、彼らの戸惑いへの答になっているのではないだろうか？　もし私が車で旅していたら、あるいは乗客として彼らの乗物に乗っていたとしても、さっきのようなやりとりはできただろうか？　否。エンジンは言葉を奪ってしまうのだ。速すぎ、うるさすぎる。停まるところは決っていて、やりとりは乗車料金の支払いだけに限られる。かりに彼らの乗物に乗り、隣に誰かいたとしても、その人がおしゃべりしたいと思うかどうかはわからないし、つぎの停留所で降りるのであれば、わざわざ話を始める気にならないかもしれない。歩くことは、自由と交流である。車は鋼鉄と騒音の牢獄であり、強制的に混雑に放り込まれる場所だ。彼ら遊牧民の末裔たちに——遊牧民の美徳を称えるのが好きな人たちだが——いったいどうやって説明したらいいのだろう、あなたがたは体を動かさないために筋肉が萎縮し、自分の筋肉の力ではもはや旅することができない、脚の代りにエンジンがついたような人間になってしまったのだ、と?

この後の数時間、私は遊牧民の生活とシルクロードとの関係について考え続けた。この伝説的な道は、中央アジアにおいては、アラブが切り開き、ついでムスリムが開いたものだ。アラブ文化では、旅と商業が結びついている。遊牧生活を送る部族の伝統を受け継いだムハンマドは、商人たちに従い、亡命生活のあいだには長い旅をした。彼の後継者たちも同じ生き方をした。遊牧のアラブは、ポワティエその他で阻止されるまで、広大な領土を征服した。やはりモンゴルの遊牧民の子孫だったオスマン帝国人は、武力で現在のトルコを征服した。こうして、イスラムが中央アジアのステップを統一すると、どちらの勢力も交易と旅行という二つの遺産の実りを得ることになったのだ。十世紀までイスラム貿易は大いに栄え、大商人は威信と巨富を誇ったが、やがて軍人に勢力を奪われてしまった。とはいえ、商業活動の流れは、さらに九世紀間にわたり、中央アジアと中国の道に沿って途切れることがなかったのである。

アラブは間違いなく文学としての旅行記の創始者である。九世紀末、アブー・ドゥラフ・ミッサールは、中央アジア、マレー半島、インドの旅を語った。いまひとりの偉大な旅行家、トレドのアブー・ハーミド・アル＝ガルナーティーは、マルコ・ポーロに先立つこと百年、十二世紀の世界の発見を物語る。

世界の発見に好奇心を燃やす旅商人であれ、たんなる巡礼の徒であれ、アラブとムスリムは、ヨーロッパ人が大航海に取りかかろうとしたころには、すでに地球を股にかけていた。三人のアラブの旅行家、三人のイブンは、詳細をきわめた世界の記述を行なった。イブン・ファドラーンは十世紀にブルガリアとロシアを訪れたが、これは外交使命を帯びたジョヴァンニ・ダ・ピアン・デイ・カルピニが最初のヨーロッパ人として一二四五年に大汗のもとに旅立ったのより三百年近く早かった。十二世紀末には、アラブ化したスペインを発ってメッカ巡礼を果した後帰国したイブン・ジュバイルが、地中海沿岸諸国を当時としては前代未聞の詳しさで描き出した。だが、なんといっても十四世紀までのアラブ最大の旅行家は、イブン・バットゥータである。彼のおかげで、アラビア、小アジア、ロシア、インド、中国、スペイン、サハラ――なんと欲張りな！――は、知りたがり屋にとってもはや未知の土地ではなくなったのである。

自信喪失

こうして過去に分け入っていたために、頭が道から離れてしまった。気がつくと、ボルから十五キロのチャイドゥルトという村をいつのまにか通過したところだった。ありがたくないことに、国道百号線とイスタンブル―アンカラ高速道路が、ファクラル峠というつぎの峠を越えようとして接近しているのがわかった。坂道の下、せいぜい百メートルほどしか離れていない二本の道路の間に、薄汚い灰色をしたコンクリートの四角い建物が立っている。おもに長距離トラックの運転手が使う宿だ。食堂に入ってみると、いやに暗いが、たぶん開業以来床を掃除したことがないのに気づかれないようにしているのだろう。厨房手伝いの若い男が、面倒くさそうに二階の部屋に案内する。狭苦しい部屋で、窓は高速道路に向いている。シングルベッドふたつで部屋がいっぱいだ。シーツも開業以来洗濯したことがないようで、垢の糊が利いている。案内の男がドアを開けっ放しにしていったので、廊下の向い側の部屋の客がトラックのように鼾《いびき》をかきながら、幸せそうに眠っているのにお付き合いできた。

部屋にはシャワーとトイレが付いているが、困ったことに暗すぎる。明るさと清潔さのなかで身を清めるための場所なのに、それを照らすはずのただ一個の電球を誰かが外してしまった……。薄暗がりのなかで、まず滝のような音が聞える。天井のところで配管に穴が開き、水がタイルの床に激しい音を立てて落ちてくるのだ。トイレのタンクからも水が漏れていて、うるささを競おうとしているが、シャワーにはかなわない。洗面台には湯がなく、水の栓はなんとか開けられたものの、そこで動かなくなり、どうしても締められない。私の懐中電灯は電池が切れかかっているが、シャワーの床にも一面ねばねばした汚れが分厚くこびりついて、もとはどんな色をしていたのか見当もつかない状態であることが確認できる。おまけに吐き気を催す臭いもして、もう言うことなしである。私は戸を閉めた。今晩は冷たいにしろ、シャワーはなし、これではかえって汚れてしまうに決っている。

料理人が清掃担当者を兼ねているのではないかと恐れ、夕食はヨーグルトひと瓶で我慢する。部屋にもどると、片方のベッドの上に自分の寝袋を広げたが、それでも汚れとくっつきすぎているような気がして、今夜はあまり寝られないだろうと思う。おまけにトラック嫌いの犬が一匹遠吠えし、それが高速道路でエンジンの轟音がするたびで、つまり犬ころは息を継ぐとすぐまた吠えるのだ。疲れ切り、声をからした犬がやっと静かになったかと思うと、ガマガエルの大群が、おそらく私の「バスルーム」から聞える水音に誘われたのであろう、陰気な千部合唱を聞かせてくれる。唸りをあげるトラック、吠える犬、垢の臭い、哀れっぽく鳴くガマガエル、そして配水管のビチャビチャいう音。さえた目に高速道路をヘッドライトの光の束が交錯するのが映り、眠りはなかなか訪れず、薄闇が不安に満たされてゆく。

二週間前のサムスン号の船上や二日前のネヴザットの家でのように、疑問が舞いもどってくる。最後まで行けるだろうか？　今夜はそれが危ぶまれる。足の指の痛みが、やすりのように楽観主義を少しずつ削ってきたのだ。さらにそこに、以前は見くびっていた敵が加わっている。言葉による孤立だ。ひとりで歩いているときは、孤独は苦にならない。いろいろなものを目で見て、自分と対話していれば、それでこと足りる。けれども、泊るところや食堂にいるとき、たまたま出会った人たちと一緒にいるとき、私はそのたびに言葉の無人島にいることに気づくのだ。出発前に覚えた単語や、旅の途上で知った単語だけでは不十分である。この越えがたい障害、この言葉の独房は我慢ならないが、解決の糸口すら見出せない。いったいイランに行ったらどうなるのだ、ペルシャ語は一言も知らないというのに。

トルコ人は恐ろしいおしゃべり好きで、私にもどんどん話をしてくるのだが、まるで理解できない。食堂、喫茶店、個人の家にかならずあるテレビを見ても、つぎつぎ現れる顔が、口から私には理解不能な音を大量に吐き出すばかり。あまり嬉しくないが、ＰＫＫのクルド人指導者オジャランの裁判が、私が旅行に出て数日後に始まったことを知った。あちこちのチャンネルで特別番組をやっている。出ている人たちは興奮して議論するが、私はなにひとつわからない。ジャーナリストにとって、これ以上の拷問が考えられるだろうか？　ある店の主人は、「裁判はどのくらい続きますか」という私の質問の答として、嬉しそうにニヤッとし、人差指で喉をかき切る真似をして見せるだけだった。悲しいかな、こういう言葉は万国共通なのだ。

悪臭芬々《ふんぷん》たる部屋での騒々しい夜、私はざっと収支決算をしてみる。イスタンブルを発って以来、十二日が経過し、三百六十キロ歩いた。だが、テヘランまでには、まだ二千五百キロ以上踏破しなくてはならない。ここからそこまで、精神的にも肉体的にも持ちこたえられるだろうか？ 正しい道を見つけるという難題は解決できるか？ そして、あちこちで人から予言されてきたあれやこれやの災難に立ち向かうことができるだろうか？ カンガル、ＰＫＫの狙撃兵、追い剝ぎ、それに地面のどこかにひそむ亀裂につまずいて、両足とまではゆかずとも片足くらいは骨折するという危険だって忘れるわけにはゆかない。夜が明け初めるころ、疲れに負けてしばしうとうとしたが、すべての疑問を包括するこの疑問には答えられないままだった。私は最後まで行けるのか？ もしこのとき誰かが賭けを申し出たら、私は受けなかったろう。

運転手の挨拶

目が覚めると、ありがたいことに足がよくなっているのに気がついた。そして、歩き屋には、足がよければ、すべてがよい。昨日の短縮行程と粉末消毒薬が驚くべき効果を生んだのだ。というわけで、足取りも軽やかに高度千二百メートルに達するファクラル峠を登る。語彙を増やすために、非常に交通量の多い二本の道路のすきまを狙って立てられた、大袈裟な形容詞でいっぱいの広告看板の文句を面白半分に訳しながら歩く。このほかに、毎日一枚、復習用のカードを自分に課し、新しい単語を五つずつ覚えている。私は意志強固な歩き屋、真面目な旅行者だ。しかし、いちばん難しいのは、やはり理解することだ。トルコ人はとても早口で、文の構造はわれわれのとかけはなれている。知っている単語でさえ、接頭辞と接尾辞にごちゃごちゃとはさまれて、見知らぬ言葉に変身してしまう。文の意味をつかみそこねて、もう一度言ってくれと頼むと、たいていごく普通の人である相手は、こいつは耳が遠いのだなと思う。それで、同じ速さで、しかし今度は大声で繰り返すのだ。

登りの頂点を越えるとすぐ、アンカラに行く高速道路は南東へと分れてゆく。国道百号線も二本に分れる。東に伸びる方は、大半の車を厄介払いして、ふたたび我慢のできる道となった。私を拾おうとする車が思いとどまるように、道の左側を歩く。トルコに歩き屋はあまりいないにちがいないと思うと、私の自我はすっかり元気を取り戻した。私はほんとの珍品、稀少品、国民的椿事《ちんじ》のように見られているのだ。乱暴な運転手たちと私との出会いは、あっという間にすぎないが、われわれは合図で話をする。その対話は、一連の音と光の合図、それに身振りと表情からなり、それだけで私が引き起こすさまざまな反応を表現するのだ。それは敵意から熱烈歓迎まで、つぎのように分類できる。

——クラクションと手で払いのける仕種。「どきやがれ！」

——クラクション一笛。「顔を見せな」。急な坂道をうつむいて登っているときに、これがいちばん多い。またこれは私と同じ方向に進むトラックの呼びかけでもある。彼らは二本の脚にザックがのっかり、そのザックが帽子をかぶっているように見えるので、当然のことながら、顔がついているか見たいと思うのだ。

——クラクション一笛、掌を空に向けて上げ、もの問いたげな表情。「その恰好はなんだい？　国は？　どこから来た？　どこへ行く？……」

――クラクション一笛、古代ローマ式に掌をこちらに向けて差し出す。「やあ、仲間」

――クラクション一笛、軍隊式敬礼。「あんた、すごいな」

いちばん大袈裟なのは、上りであれ下りであれ、私をすでに追い越したか、すれ違ったかしたことのある人たちで、古い顔なじみのように挨拶して寄こす。彼らは遠くからヘッドライトで注意を呼び、通りぎわにクラクションを鳴らすと、にっこり笑って手を大きく振る。前の席に何人か乗っているときは、いちばん近い人が窓から顔を出して、励ましの声をかけてゆく。旅が終るころには、国道沿いのカフェに入ると、私のことを噂に聞いた運転手が大勢いて、そのことを私に言いにきては、「イスタンブルからテヘランまで歩いて行くやつがいる」という信じがたいニュースが本当かどうか確かめようとしたものだ。彼ら運転手は、この行程はトラックで走破するにも、積荷とエンジンの馬力によって二日から四日はかかる、へとへとの旅になることを知っているのだ。

前に私を見かけたか、いかれたおっさんの噂を聞いたことがあるバスの運転手はとりわけ友好的で、乗客にもニュースを伝える。すると、乗客がこぞって私を励ましてくれるのだ。私はかならず返事をする。とくに攻撃的なやつらには、中指で天を指してやる。たいていの場合は、微笑みを浮べて古代ローマ式の挨拶をする。とくに感じのいい、遠くからヘッドライトで合図をしてくれる人たちには、私は歩く風車となって、両腕と杖を振り回す、もっとも荷物が許す範囲でだが。けれども、ある時間を過ぎ、疲れが溜まってくると、めっきりおとなしくなってしまうこともある。

午ごろ、すれ違った小型トラックがUターンすると、私を追い越して百メートル先で停まった。運転手が降りて、こちらに来ると、いろいろ尋ねてくる。

「国は？　どこから来た」などなど。

彼は腕時計を見る。

「二時間空いてる。乗りな、百キロくらい連れてってやるよ」

笑いながら断ると、彼はそのわけを考え、自分は喜んでそうしてやりたいのだと言う。彼はせっかくの申し出がそっぽを向かれたことにたいそう気を悪くし、それが私を悲しませる。自由でいるとは、なんとむずかしいことか！

ファクラルの頂点で、私の高度計は千二百メートルを示す。風景はところどころ、とてもじめじめしているようだ。イェニチャアでは泥炭の採掘が行なわれている。広葉樹の姿は消えたが、丘のてっぺんに樅を植林してあるところがある。それ以外はどこも、春の陽光の愛撫を受けたなだらかな斜面を耕作地と牧草地が覆っている。道はゆるやかに上り続けて、千三百六十メートル。少年たちが番をする赤牛の群が、あらゆる緑色の変化を見せる牧草地の風景に点々と散らばっている。柵も囲いも溝もなく、平原は果てもなく広がり、ただはるか彼方に、地平を閉ざす山脈が途切れなく連なるばかりだ。高度差の結果、胡桃《くるみ》の木は――いまはもう五月も終ろうとしているのに――ようやく若葉を広げ出したところだ。ここから五十キロもないボル峠の手前の平原では、もうすっかり葉が出そろい、実がつきはじめていた。池のほとりで、家畜番の子供たちが群の見張りをしながら、ありあわせの竿で釣りをしている。この少年たちの何と古めいて見えることか！　しかし、私が子供のころは当たり前だった光景だ。歳をとったということか。

セイットのキャラバンサライ

ゲレデという小さな町で、一軒しかないホテルに泊る。ここの古い町並みにはちっちゃな店が集まっている。店の人は、客に応対するというより、友人を迎えているかのようだ。茶のコップと砂糖を入れたコップを載せた盆が、作業台やテーブル、あるいは椅子の上に置かれている様子は、むしろ客間の趣である。店は狭く、二人も入ればいっぱいになる。どういう人たちなのか、店の主人が縫ったり、切ったり、削ったりしている一方で、おしゃべりをしているこの人たちは？　友人？　客？　納入業者？　親類？　みんな、しゃべる、しゃべる……。

セイットが守る古くて立派なキャラバンサライは、どこにも案内板がなく、崩れてきそうなポーチを思い切ってくぐってみて、運よく見つけられた。まばらな口髭を生やした痩せた小男が、そばの喫茶店から出てくる。自分が誇りとする建物の中庭に、カメラを持ち、観光客然として突っ立っている私の姿が見えたのだ。この人は建物と同じように風格があり、その人生の中心をなすものに興味を寄せる者がいることを喜んでいる。彼はあちこち案内してくれる。石畳の四角い中庭は、二階建ての建物に囲まれ、そこに隊商を迎えた無数の房が連なっている。廊下と階段に使われた木材は風雨に傷み、琥珀《こはく》色に変色している。時を経て腐った木製の手すりには、事故を防ぐために金網が張ってある。かつては白く漆喰《しっくい》塗りしてあった壁は、無数の黒い傷がついている。房によっては扉の上に、ストーブの煙突を通すためだったと思われる穴がうがってある。

こうしていたるところに皺が刻まれているせいだろう、この場所は壮麗である。セイットは戸を開け、階段を降りはじめると、ついてこいと言う。地下にある昔の厩《うまや》は、騎兵部隊なみの馬の数を想定して造られたものだが、いまは彼の小さな馬のすみかで、彼は馬に話しかけながら撫でてやるのだ。かわいそうな、ほんとうにかわいそうなセイットは、自分のキャラバンサライが朽ちてゆくのを見守っている。彼は二年前から、せめて屋根を補修または保存できるだけの援助を申請している。そして、まだ返事を待っている。悲しいことに、シルクロードを証するこのすばらしい遺構は、他の多くと同様に、遠からず消え去ってしまうにちがいない。

いうまでもなく、私たちが話をしていると、ぜひとも会話に加わろうとして、喫茶店から男たちがぞろぞろ出てくる。話題はこのキャラバンサライの建造時期についてだ。セイットはこの点についてほとんどなにも知らず、六百年くらい経つのではないかと言う。それまで一言も口を利かなかったメフメットという老人の言うことは、みなが敬意をもって耳を傾け、より具体的だ。彼はわかりやすい言葉を選び、私のメモ帳に書いてみせたり、辞書を繰ったりしながら、ゆっくりと説明する。このキャラバンサライ、というよりこのハンの建造は、オスマン帝国成立以前のことだ。ということは、建てられてから約八百年になる。その証拠として彼が持ち出すのは、このハンの名前に「キリセリ」という言葉が見えることである。つまり、ここは教会の所有で、モスクのではなかったということだ。それまで私が聞いたところでは、たしかにモスクは周囲の隣接した土地にバザールや屋台店やキャラバンサライなどの賃貸施設を造り、そこからの上がりを宗教建築の維持費用に充てていたという。ボルのハンはその例である。ゲレデの教会のようなキリスト教の教会でも、そういうことをしていたのだろうか？　この説の裏づけは、私にはその後もまったく得られていない。それに、この主張は十分な説得力を持つとはいえない。数多くの教会がオスマン帝国の征服後も生き残り、それらが放棄されたのはトルコ革命が起り、キリスト教徒のギリシャ人が残らず国外に出て行ってからのことなのだ。しかし、だからといって、教会の周辺にキャラバンサライの跡があるわけでもない。

歩きの陶酔

五月二十七日朝、町を発つ私は、かなり陽気な気分だ。足はほぼ治り、きちんと包帯を巻いておけば、もう痛むことはない。空は曇り、ひんやりした空気が澄み渡っている。まっすぐに続く道は、山の斜面でかすかに波打つ。眼下の村々は笑い出したくなるくらい小さく、赤瓦の家々が、ピンのように細い、白いミナレットで風景のなかに留められているかのようだ。空を流れる雲は、五十キロほどの距離にある標高二千百メートル、いまも残雪を帯びて空を突き刺すキョロール山の尖峰めがけて影を投げかける。十字路で警察の車が見張りをしている。英語を話す警察官が寄ってきて、話を始める。私を車に引っ張って行き、コーラをくれる。交通規制だけが任務の「ポリス」の警官には、テロリスト対策を主要任務とするジャンダルマや、「アスケル」とよばれる、たいてい偉ぶった、偉ぶることによって自分たちが不可欠の存在だと印象づけられると信じている軍人どものような攻撃性がないことが、あらためてわかる。

ときどき雨がぱらついて、大気はさらにひんやりしてくるが、この肌寒い天気が歩くのにはちょうどよい。いつもやっていることだが、また内観をしてみると、私の筋肉は、この十三日間課してきた厳しい規律に適応できたことがわかる。ザックは軽く感じられる。脈拍は休息時には毎分六十に下がり、がんばって歩いているときも八十五までしか上がらない。私は疲労がほとんど即座に回復するという、ハイレベルのスポーツ選手の特権を手に入れたため、休息の必要なしに、ほとんどいつまでも肉体的努力を続けられるのだ。六十一歳にして、サムスン号の船上で抱いた不安ももののかは、肉体の若さが戻ってきた。最初の戦い、自分に突きつけた挑戦に体が順応できるかどうかの戦いには勝ったようだ。細胞のひとつひとつから一種の陶酔感がにじみ出てくるのが、はっきり感じられる。この夢の風景のなかを、私は滑空する。とうとう歩く者にとってのニルヴァーナに入ったのだ。

去年、コンポステラに向かって歩いたスペインの台地でのように、私は神の領域に近づいている。こうなるためには、私に関するかぎり、三つの条件が揃っていないといけない。まず最初に完全な孤独状態。これが雲のなかに飛び立つための第一の決定的な条件だ。神々は度を越えた引っ込み思案で人見知り激しく、ふだんは人を寄せつけないから、団体旅行には扉を開かない。しかし、オリンポスに迎え入れられるためには、孤独であるだけでは十分でない。場所も選ばなければいけないのだ。町なかの部屋の孤独は向いていない。聖壇に近づくためには、はてのない広がりを選ぶ必要がある。山好きの私だが、海もとくに恵まれた者には、おなじく無限の広がりをもたらすことだろう。水平線のほか、なにひとつ目を遮るものがないとき、あるいは空まで届く峰々を振り仰ぐとき、ニルヴァーナは遠くない。だが、まだこれでも足りない。おなじく肝要な最後の条件は、肉体と精神のあいだに完全な調和が定着することである。歩きでは、毎日の訓練によって順応し、いわば潤滑油を差された筋肉が、軽い発汗でそれとわかる理想的な体温に達し、滑らかに動く関節が不測の事態に苦もなく対応できるようになったとき、神秘の錬金術によって体が浮揚する。精神は、純粋な精神は、荒野や草原や山の峰の上を漂う。それは砂の海のなかの一粒の砂、はてしない広がりのなかで目に見えず、蝶が飛ぶように軽やか、われわれの馴染んだ牢獄の壁が一挙に崩れ落ちる。そしてここに天の扉が開くのだ。聖パウロが幾度も通った道の上で、私はしばしば彼のことを、そしてダマスクスへの道で彼が光に撃たれて目がくらんだときのことを思った。もし彼が馬上の人であったら（時として宗教的な図像は証拠もなしにそうと決めてかかっているが）、あるいは馬車に乗っていたら、キリスト教世界の相貌はそのためにどれほど変っていたことか。

この移動型の幸福は永遠ではない。どのくらい続くのか？ 計算はむつかしい。それが消えてしまうのは、あまりの感動に心が躍り魂がかき乱されたり、道の小石に微妙な均衡を破られたり、腰をかがめて鍬を使っていた農夫が突然仕事を放り出し、声と身振りで挨拶してきたりするからだ。

遠ざかる目的地

昼飯時には、ロカンタでおいしいタス・ケバブ〔肉と野菜の煮込み〕を食べる。ふだんの倍の代金を払う。でも、ほかにしようがあろうか？ この国では、値段はどこにも表示されていない。値段は、店を出るときに、レジで客の顔を見て決められるのだ。今日の店の主人は、観光客の私なら金はあるはずと踏んだのだろう。

五キロ先で、別のロカンタから出てきた威勢のいい男が叫ぶ。

「ゲル、チャイ！」

ここの主人だ。私をほとんど力ずくで店のなかに引っ張り込む。私は茶をいただくことにした。ところが、主人が店員たちに合図するや、メゼ〔前菜〕がつぎからつぎに運ばれてくる。ふだんならこのご馳走に大喜びしたはずだ。なにしろ私は、実にさまざまな味の料理から、好きなのをいくつか取り混ぜてもらったり、財布と相談しながら味見したりできるメゼには目がないのだ。主人は、ただだと保証する。私は抵抗を試みるが、むだである。彼の同業者のケバブを腹いっぱい食べたところなのに、この贈物をたんと食ってくれと言って譲らず、私はもう食べたということをどう説明していいかわからない……。それで、主人の気分を害さないように、ちょこちょこつまんだ。

腹ごなしのためにとにかく動こうと固く決意して、ふたたび道につくと、ミニバスがそばに停まり、乗せて行ってやると言う。私は礼を言い、けれども歩くほうがいいのだと答える。「でも、あんたはただでいいんだよ」と運転手は言う。

「パラ・ヨク、パラ・ヨク！（金いらない、金いらない！）」私がわからなかったのだと思った乗客たちが叫ぶ。

私は歩く権利を獲得しようと、闘士ばりのかけひきの術とエネルギーを発揮する。人の思いやりは、ときに疲れるものだ。

今日の予定では、出発点から三十五キロあまり、谷のくぼみに位置するデレキョイという村に泊るつもりだった。幅の広い谷を見渡す自然のテラスのようなところに立つと、村が見える。下の方の十字路で、この道は黒海に向かって北上し、国道百号線は東進を続ける。岬のように突き出たここからは、地図で見つけてあったイスメットパシャという小さな鉄道駅も見える。いま、午後五時だ。調子はよい。まともな判断はここで止れと言う。けれど、どういう悪い誘惑に負けたのか、私はさらに前進を続けてしまう。慎重の美徳には気の毒だが、私は牧草地を降りて、イスメットパシャまで突き進むことに決めたのだ。

自分の力を少し過大評価していた。斜面を駆け下りるうちに、たちまち傷が目を覚まし、駅はオアシスのように、進めば進むほど遠ざかるように見える。目的地に着いたときには、疲れ切っていた。家々は小さく、汚く、朽ちかけている。道から引っ込んだところにある駅だけが、堅固で清潔な建物だ。私が入ることにした喫茶店は、六十五歳の年金生活者、ムスタファがやっている。彼に事情を話し――つまり、自分の旅のかいつまんだ説明らしきものを片言でしゃべったのだ――、今晩はここで泊るつもりだと言う。彼は信じられないくらい寡黙な人で、隣の小部屋に行って卵を四個取ってくると、それを茶の湯沸しにそっと入れて茹でる。私たちはその卵を塩とパンとともに黙りこくって食べる。

どうしたらよいか、よくわからない。もっと先に行く？　ほかの宿を探す？　主は茶を出してくれたあと、相変らず口を利かないまま立ち上がり、私を残して、どこかに行ってしまう。もうとっくに使えなくなったガラス張りの冷却ケースと汚れたテーブルが四つか五つ、それがこの「喫茶サロン」の調度のいっさいである。テーブルのひとつに、トランプとスティラという、この国のドミノのような遊び道具が投げ出してある。コンクリート剝き出しの床には、水気を吸わせるための砂が撒いてある。壁は一度も塗装されたことがない。ムスタファが卵を取りに行った物置は、隙間のあいた板壁で店と仕切られており、その隙間から床にじかに敷いたマットレスが見えるが、きっと主人のベッドなのだろう。

戻ってきたムスタファは、明るい顔をした、四十歳くらいの感じのいい男を連れている。ジェンギズは鉄道に勤務し、線路保守用のクレーンの操作手をしている。彼は、自分のところに泊ってもらう、と言う。ジェンギズは、車庫の引込み線に停めてある客車で暮している。彼の住居のそばでは、子供たちが近くの池で網を使って捕まえた魚を焼いていて、私たちにも気前よく分けてくれる。私の宿の主は、夕食の用意をするまえに、ただただ私を喜ばせたいばかりに、客車の屋根に取り付けたパラボラアンテナを長いこといじくり、テレビでフランスのチャンネルを探してくれる。そして、やっとこさ私の言葉でやっている番組を探しおおせた。うまく行って大喜びの彼は、満面に笑みを浮べる。ジェンギズの歯は真っ白で、歯科衛生の完璧な成功例として広告に使えそうなくらいである。私が会った人の大多数は、虫歯やみそっ歯を競って見せてくれるのだから、彼は注目すべき例外である。彼が見つけてくれた番組は……株式市況だ。彼の喜びを無にしないように、私は嬉しくてたまらないような振りをし、CAC40〔フランスの主要銘柄株価指数〕の株価をうんざりしながら聞いた。

子供たちに知らせを聞いた近くの小学校教師が二人、客車のステップをよじのぼって、話をしにやってくる。ひとりが私のトルコ語程度のフランス語を話せるだけだが、私たちは真っ赤に熾った小さなストーブで息が詰りそうになった狭苦しい場所で、ずいぶん遅くまでおしゃべりした。先生たちは、トルコの学校制度のしくみを説明してくれる。夜更けに何度か、小さな駅の構内で列車を操作する音がしたが、ふだんからディーゼルエンジンの重い槌音を子守唄がわりにしているにちがいない主は、すやすや眠っている。

日が昇りかけたころに起きたが、昨日四十七キロも歩き通したにもかかわらず、あまり疲れを感じない。けれども、今日はおとなしく短い行程にし、夜はここから二十八キロのチェルケシュに泊ろうと決めた。

V カンガル犬

歩くとは？

好みから言えば、村々を通る細い道の方がいいのだが、治りかけの足のことを考え、今朝は国道を行くことにする。天気は暖かく、湿気があり、歩きに向いている。午ごろ、はじめはおずおずと照っていた太陽が、やがてまともに照りつけはじめ、私を夢想に誘う。この漫歩旅行も、ついに佳境に入った。体は、はじめの何キロかをこなし、喜びに浮き立っている。私は重力から解放され、旅する純粋な精神となって、楽々と前に進む。時折、荒涼とした平坦な風景の美しさにはっとして、現実に連れ戻される。視界は遠くまで開けている。草は低く木はまれな、なだらかな丘の斜面を、太陽が隅々まで照らしている。午が近づくと、日は焼けつくようになったので、つばの広い布の帽子をかぶり、頭を日光から守ってやった。これでもう何にも邪魔されることはない。体も足も満足して、それがあることも忘れてしまう。精神だけが、平原の上を滑空する。私は歩きながら、立ったまま夢を見る。

ミシェル・セール〔現代フランスの哲学者〕によれば、消極性は「動物状態のいまひとつのあり方」である（ミシェル・セール『身体変奏曲』、ル・ポミエ、パリ、一九九九年）。私は日々たゆまず努力し、遥かに遠い目的に向かって、ほんのわずかずつ、だが確実に前進し、体によい汗をたっぷりかくうちに、空に舞い上がり、子供時代からの束縛、恐怖、固定的なものの考え方から自分を解き放つ。社会にがんじがらめにからめとられた糸を断ち切り、安楽椅子やソファなんかには洟《はな》もひっかけない。私は行動する、考える、夢を見る、歩く、ゆえに私は生きている。ただ、歩行は夢想には向いているにしても、歩きながら考えるのはちょっと問題がある。鷲が飛ぶ、雲が流れる、兎が逃げる、厄介な十字路に出くわす、見知らぬ花の香りに酔いしれる、羊飼いが声をかけてくる、低い丘が波打ちながらどこまでも続く。見えるもの、匂うもの、聞えるもののいっさいが、思考を続ける妨げとなるのだ。歩く者はひっきりなしに、あれやこれやの小さな出来事に気を惹かれて、内省から引き離され、道に引き戻されてしまう。

歩きは夢想家にはもっと寛大だ。思索と違って、夢想は中断されてもかまわないし、それまでの流れが途切れてもたいしてこたえず、また続きを始められる。それどころか、コウノトリが飛ぶ、虫の羽音が聞える、花が燃え立つように紅い、靴が蹴った石ころがへんてこな形をしている、といったことは想像力を刺激するのである。それに、思索を続けるうちに、いつのまにか空想の世界に迷い込んでいる、ということも少なくない。私は友人や、かつて愛した女を相手に空想の会話をやることがよくある。この場合、相手の記憶をもとにしながらも、質問と答をうまいこと按配しながら、やりとりさせるのはこの私なのだから、ことはいたって簡単になる。しかも、口論になったとき、自分が間違っていたと認めても、ちっとも恥ずかしくない。非難する人はここには誰も実在しないのだから。泊りの町で、こういう会話に登場願った人たちに、ひと言書いて送ることもある。彼らとは、もう長いこと会っていないから、世界の果てから届いた絵葉書にさぞやびっくりしていることだろう。

歴史の道

私は自分の道を行きながら、かつてこうした道を行った人々と一体感を感じることがよくある。たとえば、一二四五年に法王に遣わされたジョヴァンニ・ダ・ピアン・デイ・カルピニ。大汗の宮廷に一刻も早く着きたいと願った彼は、有名なアメリカの「ポニー・エクスプレス」の先祖にあたるモンゴルの駅伝を利用した。乗り手は、多いときには一日に七回も馬を替える。駅が見えるや、鈴を振り鳴らす。すると、新しい駿馬に鞍が置かれ、駆け出すのを待つばかりとなる。乗り手は疲れた馬から飛び降り、元気いっぱいの新しい馬に跨ると、全速力で道を続ける。こうした騎手たちのおかげで、モンゴル皇帝は、中国の東岸から西ヨーロッパとの境にまで広がる大帝国のすみずみで起きたことについて、情報をつねに得られたのである。

それから、もう一人の旅人、ルイ九世の使者だったギヨーム・ドゥ・リュブルクの影も時折草原に現れる。彼はマルコ・ポーロよりずっと前に、西洋の最も猛々しい戦士さえ、その名を聞いただけで震え上がった、遥かに遠いタタールの国のことを物語ったのだ。しかし、歴史だけがその理由を知る不公平により、マルコ・ポーロの名ばかりが名声を勝ち得ることとなった。

このあたりの風景は、こうした輝かしい旅人たちが足を踏み入れたときから、何が変ったのだろうか？　アスファルトが道を覆い、電柱が立てられた？　舗装道路から数百メートル離れるだけで、景色は昔と変らなくなる。この野原も丘も山も、畑も家も農民も同じである。ここで羊の番をし、私に気がつくと手を振ってくる牧人たちの暮しぶりは、遥かな昔から、孤独な旅人やキャラバンの長い隊列が通り過ぎるのを目にしてきた彼らの先祖と少しも違わない。聖パウロはこのあたりをしばしば行き来した。彼はこの一帯を十年間で三万キロ以上旅したといわれる。ほとんどが徒歩の旅だった。彼が福音を説きにやって来た羊飼いたちは、いまと違っていたろうか？　しかし、これらの道に姿を現したのは、伝道者やキャラバンだけではない。恐ろしい軍隊も不意に現れ、乱暴狼藉を働いた。それゆえ、町はしばしば身を守るために丘の上に築かれた。村は風景の中に身を隠し、すっかり自然と一体になって、ほとんどそれと気づかないほどである。家々の土壁は、地面を掘った土であり、もとの灰色と赤の色合いを残している。かつて藁やヒースで葺かれていた屋根だけが、瓦を置くようになり、単調な山の斜面に鮮やかなまだら模様を添えている。

トルコの町はほとんどどこもそうだが、チェルケシュも国道から離れたところに位置している。町に入る前に、肉の輸出を専門としている巨大な農産食品会社の敷地沿いを歩いた。この会社は、人口一万のこの大きな村の主要な雇用主である。工場がもたらした繁栄によって、古い街並みのはずれに派手な色の集合住宅が建てられた。中心街では、木と練土で造られた伝統的な小さな家が見捨てられ、朽ち果てようとしている。

ホテルは快適で、もしも朝の五時に喧騒で目を覚まされなければ、安らかな夜となったはずだ。チェルケシュは、非常に狭い範囲に十二のモスクと同数のイマームを数える。祈りの時間になると、彼ら全員が、スピーカーを通して信者を集めるのにいちばんよい声を持っていることを示そうとする。そこで、彼らはボリュームをいっぱいに上げるのである。ひとりがコーランの初めの文句を唱えはじめるとすぐに、十二のスピーカーが競ってわめき出し、一番乗りしそこなった者たちは歌唱の音量で後れを取り戻そうとするかのごとくである。いや、歌唱なんてとんでもない！　たぶん、昔のムアッジンたちはミナレットの高みから歌ったのにちがいない。いまでは、それは歌ではない、それは叫び声のごたまぜ、ぐちゃぐちゃ寄せ集めの音符、騒音、喧騒、わめき合戦だ。ミナレットの高みから投げ落とされた音は、隣のミナレットの音にぶつかって跳ねかえり、結局すべての音がまとまって私の部屋に飛び込んでくる。アッラーは天国の高みで耳をふさいでいるにちがいない。私たちは二人とも、沈黙の祈りを待ち焦がれるのだ〔礼拝への呼びかけは、正確にはコーランの言葉を歌うのでなく、「神は偉大なり」から始まる決った文句を唱える〕。

カンガルの恐怖

午を少し過ぎると、トラックの交通量が増えてくる。静けさに飢えた私は、もう我慢ならず、国道を離れ、南に突き進む。地図で、幹線道路に並行しながら村々を結び、田園地帯を通り抜ける小さな道を見つけてあったのだ。まだ治りかけの足には気の毒だが、ふたたび土の道を歩くことにしよう。最初にあった食料品店で、ビスケットとフルーツジュースをひと缶買う。これが後で昼食となる。たしかに変化に乏しいメニューだが、この埋め合せは町に行ったときに必ずするつもりだ。

進む方向については問題ない。数キロ北を通る大きな道路にトラックが数珠つなぎになっているのがよく見えるからで、車の音もときたま風に乗って、ごくかすかに聞えてくる。右手には、道路がよじ登る気になれない壁となって山塊が聳えている。このあたりで地図に載っている温泉町を探した。見つからない。その町があるはずの場所に石の山が見える。きっと廃墟なのだ。私は廃墟がたまらなく好きだ。それは夢を誘ってくれる。時とともに傷んだ壁や円柱を自分の好きなように建て直すことができる。もっと近くから見たかったので、ちょっと寄り道し、そこで軽食休憩をとることにする。

少し離れたところで、羊の群が寝そべり、食い物の消化に専念している。番人も犬も姿が見えない。羊たちは、そばについている必要はないようだ。おそらく単純な理由からだ。この起伏のない平原では、ずっと遠くからでもようすが見えるのだ。私はそばに行った。廃墟は昔の家の壁が崩れたものである。

大きな丸石が重なり合って、いまもなお家々の四角い形や通りの跡を描いている。あるところでは四面の壁が造り直され、木の枝を組んだ屋根をかけて、避難小屋として使えるようにしてある。荷鞍を乗せた小さな驢馬が、廃墟のなかで草を食っている。美しい光景だ。ザックを置き、カメラを取り出して近寄ると、驢馬は顔を上げ、嬉しがるでもなく、うるさがるでもなく、こちらをひとしきり眺めると、すぐにまた食事に戻る。驢馬と十五メートルほどの距離になったとき、私は石のように身動きできなくなった。羊の群の真ん中から明るい色の犬が二匹飛び出て、恐ろしい吠え声をあげながら突進してくる。やつらは羊とほとんど同じ色をしているから、いることに気がつかなかったのだ。ばかでかい犬たちで、それがどういう犬なのかすぐにわかる。カンガルだ！

この恐るべき犬どもは、トルコの自慢のひとつだ。外国人に売ることは禁じられている。力の強い獰猛な牧羊犬で、狼や熊といった野獣に襲いかかるよう仕込まれている。野獣に喉を噛み切られないように、鉄針の突き立った首輪をしている。あるフランス人が、車で走っているときにカンガルに追いかけられた話をしてくれた。犬は、速度計が時速七十キロを示す車に、やすやすとついてきたという。そしていま、その怪物どもが私に飛びかかろうとしている。私は必死にあたりを見回す。羊飼いはどこなのだ？　枝屋根の小屋か？　私は叫ぶ、誰も答えない。さらに呼び声をあげながら、ザックに向かって走る。喉は恐怖に締め付けられ、金切り声を立てる。右手はカメラを持っている。それを放さず、左手で杖をつかむ。逃げてもむだだ、私は時速七十キロで走れない。面と向かうしかない。やつらは襲いかかってくる、ばかでかく、写真を撮ろうとしていた驢馬と同じくらいに見える犬どもが。口がカラカラに乾き、心臓が止まりそうな気がする。やつらの牙で剝き出しの腕と脚がずたずたに引き裂かれるのがもう目に見えるようだ。手の届くところにナイフもない、ザックのポケットの底にしっかりしまってあるからだ。しかし、カンガルの歯ほどの小さなナイフを手にしていたところで、いまの場合、たいした役には立つまい！

友人のアレクシスは、犬のなだめ方を長々と説明してくれた。威嚇しないようにしながら杖を犬に向け、距離を保ちつつ相手を抑える。彼は犬が二匹いる場合はどうしたらよいのか教えてくれなかった。それで、理論と実践とのあいだに存在する懸隔を勘案しながら、急場しのぎのやり方を考えた。壁を背にして立ち、一匹からもう一匹へ、かわりばんこに杖を振る。そして、「伏せ」と怒鳴る。見たところ、やつらはフランス語を解さないらしい。競い合うように猛り立ち、泡を吹いている。首には、牙に劣らず鋭く、十センチ近くあるピカピカした針の突き出た例の首輪をしている。さいわい、二匹がかたまっているので、その攻撃に正面だけで立ち向かえる。防御棒の理論は効果的なことが判明した。犬どもは、激しい息を吐き、よだれを垂らし、唇を反り返らせて白く光る牙を見せているが、それ以上近づこうとはしない。

私は冷静さとまでゆかずとも、多少の希望は取り戻したが、そのとき突飛な思いつきが浮んだ。せっかくカメラを手に持っているのだから、写真を撮ろう。そうすれば、犬どもにずたずたにされても、せめてなぜそんなことになったのかは、みんなに知ってもらえる。片手に杖をしっかり握り、犬どもの口に突き付けながら、見当で狙いをつけてシャッターを押す。私は太陽に向いており、手にした最新式の頭脳的なカメラは逆光の写真を許可しない。それで、フラッシュがパッと光った。びっくりした犬どもは、攻撃を中断した。吠え続けてはいるが、もはや心ここにあらずといった態だ。一匹は黙り、二歩遠ざかると、また近寄って、ひと声吠えて、また離れる。勢いづいた私は、もちろん杖を放しはしなかったが、今度はちゃんと枠に入るように狙って、もう一枚写真を撮る。またフラッシュが炸裂した。犬どもは数メートル離れる。

私はそれ以上身動きしない。なによりやつらが退き下がるのを邪魔してはいけない。やつらの興奮は治まらないが、だんだんに離れ、羊の群のほうに帰って行くと、羊を守ろうとして、群と私のあいだで腹ばいになる。静けさが戻った。私は深い息をつき、自分を罵る。なんという馬鹿だろう。ちゃんと警告を受けていたのだ、「羊を避けよ、カンガルはかならずそばにいる」と。私の思い違いは、誰もそんなことは言わなかったのに、この怪物どもは地獄のように真っ黒だとばかり信じきっていたことにある。だから、羊の近くにいる黒いものを探していたのだ。これまで見た牧羊犬は、かならず主人のそばにいて、羊の群からは離れていた。それで、まさかこの犬どもが、やつらを恐れるといわれる羊たちの真ん中に寝そべっていようなどとは思いもよらなかった。毛色はというと、鼻面が黒っぽいほかは、ほとんど羊と同じくらい白っぽいのだ。この後また、クルド人のところでカンガルを見ることになるが、そこでは狼や熊になんの取っ掛かりも与えないように、耳と尾が切り取られていた。初めて出会った野獣級猛犬の今日の二匹は、長くて立派な尻尾をクエスチョンマークを横にしたように曲げ、耳もちゃんとついている。

危険は遠ざかった。ひと息つく間、石に腰を下ろす。もうここを離れたほうがいい。だがその前に、やっぱりあの小さな驢馬の写真を撮っておきたい。驢馬も私をだましたのだ。荷鞍を乗せているのを見て、羊飼いが近くにいると思ったのである。驢馬にゆっくりと近づく。十メートルの距離まで来たとき、二匹のカンガルがまた飛んでくる。恐ろしいやら、おかしいやらで、私はピタッと動きを止める。

——オーケー、オーケー、わかったよ。驢馬に手出しはさせんというんだな、よし、そんなら諦めよう。結局のところ、荷鞍を背負ったトルコの驢馬の写真がなくても、生きてゆけるんだから。

杖の先を犬に向け、目を離さないようにしながら荷物のところまで後ずさりし、犬たちが静まるのを待つ。カメラをしまい、ザックを背負って、廃墟と動物たちに背を向ける。そのとき、誰かが声をかけてきた。羊飼いだ。茸を採りに行っていたのだ。カンガルは、意外にも、主人に挨拶しに来ない。私たちはおしゃべりする。彼の名はアデムだ。彼に守られて、やっと彼が小さな驢馬の傍らに立っているところを写真に撮ることができた。それから、彼の恐るべき番犬たちのクローズアップ——といってもズームを使って遠くから——を何枚か試みる。アデムがそのうちの一匹のカラカシュの首輪を押えているあいだに、私は用心しいしい、そばに寄ってみる。すると、恐ろしい唸り声をあげるので、やはり離れていたほうがいいとわかる。このどでかい番犬たちが従うものはなにもない、主人の命令さえ聞かないのだ。

羊飼いは、牧草地に湧き出す澄んだ泉に案内してくれる。ここが温泉場なのだ。私のビスケットを二人で分け合い、泉の水を飲む。この水にどんな効能があるのか、アデムは忘れたという。カンガルの本能的な旅行者嫌いを静めてくれるのではなかろうか。

女たち、老人たち

つぎの村では、出発以来初めて、子供たちにプレゼントをねだられる。一人には上着に留めてあったピンバッジをやり、もう一人にはビスケットの残りをやる。田園風景は素晴らしいが、道を横切る頭の赤い蛇を危うく踏みそうになる。踏んだところで、かえって嬉しいくらいだ。カンガルに堂々と立ち向かった後では、たとえ有毒でたちが悪いにしても、こんなちっぽけな敵の前で弱虫風を吹かすわけにはゆくまい。あの危険を、フランスでもトルコでも、私に向かってみんながさんざん言い立てた危険のひとつを乗り越えられたのが嬉しくて、心が弾んでいる。これからは、また危険に出くわしても、恐怖に縮み上がるかもしれないが、パニックには陥らずにすむだろう。

小さな村を流れる川に沿って歩いていると、石垣の向こうから女たちの笑い声が聞えてくる。石垣の陰で、七、八人の女が、羊の毛をふわふわと山のように載せた大きなシーツを囲んで坐っている。手作業で羊毛を梳きながら、おしゃべりしているのだ。挨拶をかけると、愛想よく答えてくれる。大胆になった私はそばに行くが、多少緊張する。「とくに男がそばにいないときは、女に話しかけてはいけない」とも注意を受けていたからだ。ここの集まりには男が一人もいない。トレーニングウェアを着た女の子が二人、そばの家から出てきた。二人とも中学生くらいの年で、授業で習った英語の単語を使ってみることができて大喜びだ。女たちはみんなスカーフで髪と首を覆い、なかの二人は、私が近づくと、スカーフを引っ張って口も隠す。それは恥じらいの身振りで、この後、慣習がより深く根づいた東部に行くにつれ、ますます頻繁に目にすることになった。女たちの何人かは、かなりの年配だ。いちばん若い人が、二人の女の子のお母さんである。彼女は立ち上がると、家の中に入り、しばらくして、あの冷たい飲物、アイランの入った壺を持って戻ってくると、笑みを浮べてすすめてくれる。私はぐずぐずとおしゃべりを続ける。彼女らの説明によると、梳かれた羊毛はマットレスの詰め物になるとのことだ。ここには飾り気のない幸福の雰囲気が満ちていて、それが私を感動させる。女たちは、男たちに劣らず好奇心旺盛だ。

「メムレケット？（お国は？） ネレデン？ ネレイェ？……」お定まりの質問。私は喜んで答える。奇妙なことに、カンガルとの邂逅のおかげで、私はいつになくリラックスしている。私の子供たちがよく使う言葉を借りれば、いまの私はゼンだ〔日本語の禅に由来し、「悠然とした」の意〕。それで、大胆にも彼女らのポートレートをつぎつぎに写そうとすると、女たちは笑いながら応じてくれる。

「男の人たちはどこにいるのですか？」

「あっちの広場で仕事してるんですよ」

二人の女の子に案内されて、そこに行ってみる。女の子たちは、外国人をちょっとの間、独占できて喜んでいる。男たちがいるところまでの五百メートルを歩くあいだ、私を質問攻めにする。

男たちは作業中だ。鶴嘴《つるはし》やスコップや鏝《こて》を動かしながら、ローマ瓦で葺いた小さな村の集会所のそばに家畜用の水飲み場を造っている。広場を囲む樫の木陰に坐った老人たちは、杖にもたれたり、木の幹によりかかったりして、作業の進みぐあいに重々しく論評を加えている。世界のどこででも見られる悠久の光景だ。知恵深き古老たちが、広場の大木の陰で延々と弁じ続ける元老評議会である。男たちはみな、女たちに劣らず楽しげだ。そして無論のこと、好奇心でも負けていない。私はまた同じ質問に答えねばならない。年寄りたちも知りたがる。若者が少し耳の遠い老人に大声で言って聞かせる。

「イスタンブルから歩いて来て、エルズルムまで行くんだって！」

老人は信じられないというように、私のふくらはぎに杖を向け、この後たびたび聞くことになる「マーシャッラー!」という言葉を洩らす。

この表現は、驚きや賛嘆を表すのに用いられる。もともとは、トルコの男子が八歳から十歳で割礼を受け、大人の男の世界に仲間入りしたことを示す儀式に起源を持っている。割礼を受ける男の子は白装束をまとい、友人たちの行列を従えて練り歩く。公開の場で割礼が終った後は、ベッドに坐り、お祝いの客に会い、贈物をもらうのである。割礼を受けているあいだは、叫んだり泣いたりせずに、勇気を示さなければいけない。このときの装束は絹帯を締めるのだが、その帯に友人たちが何度も口にする言葉が刺繍されている。それが「マーシャッラー」で、字義通りには、「神の望み給いし驚異を見よ」という意味である。私のふくらはぎが、「神の望み給いし驚異」のひとつに数えられたとは嬉しいことだ。でも、これは神さまひとりの力ではない。ふくらはぎの立派な筋肉をつくるには、ここまでの距離を歩き通した私だって役に立っているのである。

男たちのひとりが、大声で「イスマイル!」と別の男を呼び、私を指す。呼ばれた男は、こちらに来ると言った。

「腹ぺこなんだ」

質問でなく、断定である。たしかに、アデムと一緒に食べた粗末な弁当は、もう大分前のことになる。イスマイル・アルスランに言われるまま、私はリュックを持って、水飲み場の広場に面した彼の家までついて行った。そこでは、席に着くより早く、奥さんがチーズのボレッキとトマトのピラフをわれわれの前に置き、まるで料理が私が来るのを待ちかねていたかのようだ。イスマイルはポケットから小さな革袋を出し、そのなかから誇らしげに銅製の印章を取り出した。そして、自分は「ムフタル」なのだと説明する。ムフタル——フランスでは村長《メール》と言うところだ——は四人の助役とともに選ばれ、村の行政を司る。銅の印章は、彼に委ねられた権力を見せつける象徴であり、彼の作成する証書が本物であることを示すのに使われるのだ。

食事はおいしく、タンドゥールで焼いたパンは、焼きたてで香ばしい。

「パンを焼くのはあなた？」と私は言った。

彼は自慢そうににっこりする。

「そう、おれが……」ちょっとためらってから付け加える。「……つまり、女房がね」

奥さんはソファにおとなしく坐り、なにも言わずに注視している。

「それからヨーグルトは、これもあなたが？」

「そう、おれが……つまり……女房がね」

別れの挨拶になったとき、私は感謝をこめてムフタルの手を握り、つぎに素晴らしいご馳走をふるまってくれた奥さんに手を差し出した。彼女は腕を下げたまま、きょとんとしてこちらを見る。へまをやってしまった。私は宙ぶらりんになった手を引っ込めた。このことを忘れないようにしよう。トルコ女性には、時には話しかけてもいいが、けっして触れてはならない、と。

ひとつの村で、みんながそろってこれほど陽気なのに出会ったのは、旅行に出て以来はじめてのことだ。この村は、牧歌的な幸福のイメージとして記憶に残るだろう。私はここで、自分が辿りたかったシルクロードはトラックのそれではなく、人間のシルクロードだったことを、さらにこの村からは、それが女たちの道でもあることを思い出したのだ。

郷愁をよぶ光景

とはいっても、いまは国道に戻らなくてはならない。カンガルと渡り合ったときに、ポケットに入れておいた地図の一部を落してしまったらしく、地図がないからには、ふたたび幹線道路につくしかしようがないのだ。

たしかに、私は幹線道路は好きではない。それは私にとってはなんの魅力もない。機能的、実用的で、自然にきっぱりと背を向けるでもなく、かといって自然を生かすこともしないそういう道は、私のなかに夢想も思考もまったく呼び起こすことのない「中性状態」である。

しかし、人生は一筋縄ではゆかぬもので、私がわが目を疑うような出会いをしたのは、その幹線道路、無表情なポプラに縁取られた陰気な道路でのことだった。想像していただきたい、どこに通じていると も見えぬ道路と道路の交差点で、年取った男がひとり、通り過ぎるトラックのそばで、じっとあぐらをかいて坐っている。彼の前には、卵が六つ入った籠。男は目が見えないけれど、並外れて澄んだ青緑の、しかし無表情の眼をしている。その持ち物を私に売りたいということのほか、例によって私にはちんぷんかんぷんの話を長々としてくる。私のこの荷物では、どうしようもない。私は卵を全部買ったが、持って行きはしない。困った彼は、何歩か追いかけてきて、自分の宝物を持って行かせようとしたが、結局諦める。天使の眼をしたこの老人の姿は、いまもなお私につきまとって離れない。たぶん、幻想的なものこそが、現実のなかでいちばん長持ちするからだろう。とにかく、アナトリアの人里離れた道路では絶対にありそうもない、こんな光景を思いつくことのできたのは、いったいどういうふざけ好きの神さまなのだろう。天に目を向けた老人が、供物を捧げるように、卵——どこから産み落されたのか？——をパリから来た歩行者に差し出す！

少し先に行くと、毛糸の帽子をかぶり、日焼けした顔に堂々とした白い顎鬚《あごひげ》を生やした太った男が、自分の跨った小さな驢馬に話をしている。驢馬はすでに太くて長い木の枝をずっしりと積まれている。枝の束と乗り手に隠れた痩せぎすの驢馬は、まるで長話を一言も聞き洩らすまいとするかのように、大きな耳を振りながら、自ら進んで急な坂道をちょこちょこと登って行く。その後ろを、夫の影を踏まぬ距離を置いて、腰の曲がった小作りの妻が小股歩きでついてゆく。なぜかわからないが、この光景は私の心に訴えるものがある。おそらく、それはもう帰ってこない過去の象徴であり、昔あった光景を集めてしまっておいた箱から出てきたようなものだったからだろう。その箱には、たとえば、夢想に耽る若き羊飼いや、ブリューゲルが描いたような大鎌で草を刈る農夫や、草に坐り、かたわらでしどけなくくつろぐ小さな娘に微笑みかける母親の姿がある。要するに、その箱に集められた光景は、自然がそこに現にある生きた自然であり、人間が自然と一対一の関係を、身体的、肉体的な関係を、愛で結ばれた関係を保っている光景なのだ。その箱に収められた光景は、古くからの不正が続く世界のものだけれど、その不正が時とともに見事に緑青をふき、結局、人はそれに甘んずるか、あるいは巧みにやり過ごせるようになり、果てはほのぼのした風景の一部をなすとさえ見なせるようになったのである。

村々のあちこちに、春の日を浴びて堆肥が干してある。四角く切り分けたうえで、つぎの冬まで貯蔵され、この荒涼とした風土では燃料として使われるのである。

私はクルシュンルを通り、翌日にはウルガズを通った。歩きそれ自体は、もう精神を沸き立たせない。

健康な人がみなそうであるように、快調な歩き屋は体のことなど考えないのだから、恩知らずなものだ。

風景が一変した。ふたたび標高千メートル以下に下り、斜面をまた森林が覆うようになったのだ。私としては、遠くに地平線の見えるステップのほうが気に入っていた。ウルガズの中心部に、あと何年かすれば骨董品になりそうな二種類の古道具を展示したところがある。小さな荷車二台と犂《すき》がふたつだ。ここで確認できたのだが、アジアの住民たちは、頑健な駱駝がいてくれたので、荷を背負わせる運搬方式を優先し、荷車を改良するのはきっぱりとやめてしまったのだ。ここにある車は五十年ほど前の製造と覚しいのだが、その無骨なこと、フランスでなら中世末期を思わせる。車輪は輻《や》のない板の車輪、車体は柳で造られ、衝撃を和らげるためのばねはいっさいない。頑丈でもなければ、軽くもない。木製の車軸は、いまだに牛脂で滑りをよくしている。車の構造のどこにも金属が使われた形跡はない。

ウルガズからは町に泊るようにする。足の手当てには――またまた足だ――ホテルのほうが都合がいいからだ。村々に回り道せず、町から町に行くと、より速く進めることにもなる。おかしなことに、のろまの私――トラックに、いやそれどころかトラクターにさえ乗るのを拒絶する男――が少し先を急いでいる……イラン人のせいだ。トルコを徒歩で横断するには最低でも八週間か九週間かかるから、パリのイラン大使館は、特例として、通常の二カ月でなく二カ月半有効のビザを発給してくれた。しかし、ここまでにわが身に起きた災難を考えると、新たに体の故障が出来《しゅったい》して前進を遅らせられやしないかと心配になる。そうなると、国境到着が七月二十九日より遅くなる恐れがあり、ビザは失効してしまう。そんなことは認められない。新規に通行証を取得するには、二週間から四週間も待たなければならないのだ。理想を言えば、七月十四日前後にトルコを離れるのがいい。今日は五月三十一日である。つまり、千二百キロから千三百キロを踏破するのに、あとひと月半残っているわけだ。私の守護天使がしっかりと見守ってくれ、前もって決めてある進行予定表より十日の余、先んずることができれば、それは可能だ。私はこうしたややこしい計算を熱心にやるのだが、同時にうんざりもしている。伝説のシルクロードを辿るという、甘美にして自由な風狂が、束縛と心配の種にならなければいけないのか？

キャラバンが辿った昔の道になるべく沿うようにしながら、私が毎日歩き通す距離は、ひとえにシルクロードの地理的条件によって決められる。クルシュンル到着までには三十三キロ歩き、そこからウルガズまでは三十六キロ歩いた。これらの距離は、たまたまそうなったというものではない。キャラバンは一日に三十キロから四十キロ、すなわち荷を積んだ駱駝のゆっくりした足取りで九時間から十時間歩いた。それゆえ、かつては駱駝が一日に歩く距離ごとに宿駅の町があったのだ。だが、それもエンジンつきの乗物が距離を縮めてしまうまでのことだった。車に乗った旅人が、たった一日で五百キロから千キロも走り通せるようになって以来、キャラバン向きの施設は存在理由がなくなった。それで、人が来なくなり、無用の長物となったキャラバンサライは、放ったらかしにされ……廃墟と化している。こういう現象はトルコに限ったことではない。ヨーロッパでも、フランスでも、二十世紀のはじめから、大都市が小さな町や村を犠牲にして発展を続けてきた。そして、客がいなくなったためにホテルが消えてしまった町や村では、おりから田舎をめぐる旅がふたたび人気を呼ぶようになったので、行政当局が「宿泊所」を建設し、徒歩旅行の愛好者たちが、人間が一日に歩けるほどほどの距離ごとに宿を見つけられるようにしてきたのだ。

美しい町と快適なホテル

暑くなってきた。デヴレズ川が蛇行する谷では、三十年ほど前に沼沢地が水田に変えられた。平野を見下ろす道からは、整然と区切られた小さな四角い水面が鏡のようで、その上をコウノトリとアオサギが舞うのが見える。彼らはこの一帯に群棲しているのだ。シャベルを手にした農夫たちが、田の一枚一枚を囲む畦道で綱渡りをしている。彼らは、すべての区画で一定の水位を保てるように、網の目のように張りめぐらした小さな水路を巧みに作り上げている。女たちは脛の中ほどまで水につかり、ゆったりした衣服をひらひらさせながら、田植えをしたり、雑草を取ったりしている。道の上では、堂々とした足取りで歩く若い女に気がついた。巨大な柳細工の籠をふたつくくりつけた荷鞍を載せた馬を引いている。古代風の威厳ある趣を感じさせる光景だ。その姿を写真に撮ろうとすると、女は私に黒い笑いを投げかける。歯がすっかり抜け落ちた彼女の口は、奈落の底のようだ。

ウルガズからトスヤに至る行程は厳しい。三十八キロと記してある私の地図を信ずるなら、暑くて長い道のりになりそうだ。空では、一羽のノスリがそよとも動かぬ大気のなかで大儀そうに大きな翼を動かし、滑空できる気流の支えを探している。私にはあのノスリの気持がよくわかる！

フルーツジュースを買ったガソリンスタンドでは、トラクターを停めた農夫が、私のザックを指差しながら駆け寄ってきた。「背中のエンジンはどんなんだい？」と彼は聞く。トルコ人は機械が大好きだが、足で歩くことについてはなにも知らないのだ。

道は遠いが、突然その理由がわかった。地図にふたつの町の距離として示されているのは、たとえばウルガズとかトスヤといった町への分岐点と分岐点のあいだの距離である。しかし、こうした町そのものが、主要道路から数キロ離れているのだ。トスヤに着いたときには、合計すると四十六キロ歩き通したことになるだろう。終りのほうは、ことのほか辛い。頂きに町を乗せた丘を登って、まっすぐの急な坂道が延々と続く。一キロ、二キロ、三キロと登っても、町はいっこうに見えてこない。喉が渇く。今日は二リットル入りの水筒に二回も水を詰めたし、缶入りのコーラやジュースもいくつか買った。脱水症と戦うための液体が全部で六リットル以上——用心して塩の錠剤を飲んでいるのだが。荷物が私を圧しつぶそうとする。もし快適なホテルが見つかれば、明日はトスヤに留まって休養しよう。だが、トスヤで快適なホテルが見つかるだろうか？

小さな町では、たいていの場合、ホテルは一軒しかない。だから、選ぶのは簡単だ。私はフランスでは思いつかないような質問をいくつかする。シャワーはありますか？　もしあるなら、お湯は出ますか？　返事が肯定であっても、それを確かめねばならない。ある日、あるホテルの主人は、廊下の奥にある古びた手洗い台についている水の栓を「シャワー」と呼んだのだ。それに、湯が出るという場合でも、いつでも使えるわけではない。朝の七時には熱湯、八時にはぬるく、九時には冷たく、夜の宿では氷のようだ。ふつう部屋は共同部屋だから、ドアに鍵はついてない。これは困る。ザックの中身はどれも絶対に必要なもので、盗まれる危険を冒すわけにはゆかないのだ。

どんな登りにも終りは来る。トスヤへの登りが終ったことを最初に告げるのは、コンクリートの建物のつらなりである。土を固めた中庭は、べったりと汚れたオイルが広がり、屑鉄の山がところ狭しと積まれている。中規模の町の入口ではおなじみの光景だ。自動車の機械・電気系統を扱う小さな店が寄り集まり、車やバイクや農機具の改造や修理を商売にしているのである。坂道の頂上では苦労が報われた。はるか遠く、トスヤ山がいまも雪に覆われている。圏谷《カール》にできたこの町は、岩壁を背にし、その切り立った壁が北風を防いでくれる。いまの時間、血の色をした太陽が、深紅の屋根をのせた小さな家々の白壁を染めていて、その家々が古代劇場の階段席のように、私がいる圏谷の中心まで段々になって降りてくる。左手には石垣で囲んだ小さな葡萄畑があって、風景に緑の彩りを添えている。右手は、地面がむきだしの狭く長い谷が、目の届かぬ先の、地の底へと落ちてゆく。夢のような風景だ。自然と人間が築いたものとが調和して一体となっている。ここはイスタンブル以来見たなかで、最高に美しい町だ。

ホテルは快適で、ほっとする。料金を書き込むペンがしばしためらった。一般料金か観光客料金か？　観光客料金になる。でも、気にしない。靴底が足に食い込んでいる。腰は汗とベルトの摩擦に痛めつけられ、血が滲んでいる。まあ熱いといってよい湯が出るシャワーをゆっくり浴び、ほっとひと息つく。それから傷の手当てをし、半時間ベッドに横になり、徐々に元気が回復してくるのを待った。食堂で出された羊肉入りのブルグル〔挽き割り小麦〕でエネルギーの再補給を完了した私は、初めてデートの約束をもらった少女さながらに、一目散にインターネット・カフェを探しに出かけた。やんぬるかな、十五台のコンピューターに回線は一本しかない。あまつさえ、この町の電話設備の不足のゆえに、接続できるかどうかは偶然しだいというありさまだ。しかし、私は「文明」がもたらすいっさいのいやがらせに打ち勝つ用意ができているから、コミュニケーションの神さまは三秒間の接続を授けてくれた。四通のメッセージが私を待っていたことを知るには、それで十分だ。中身を読むには、明日また試みるしかない。早めに床につく。七時に目が覚めたが、疲れがたまっていたので八時にまた横になり、ようやく起きたときには正午になっていた。時計の針がひと回りするあいだ寝たわけだ。こんなことは、ここ三十年なかったことだ。

モスク見学、ハマム体験

午後は、トスヤとシルクロードについての情報を集めるために走り回った。いつも出てくる名前だが、ジャン＝バティスト・タヴェルニエは、その回想録のなかで、この町で「美しいモスクと最も美しいキャラバンサライのひとつ」を見たと言っている。トスヤ（三つの水という意味）は、はじめはドジェヤ、ついでビザンティン帝国時代にはゾアカ、さらにトレイジア、トゥルクヤと呼ばれ、二千年のあいだに十二回占領を受けてきた。ちょうどいま、オスマン帝国によるアナトリア征服七百年記念祭にさいして、この町で会議が開かれている。元教師で、郷土史研究の本を著している人が私に語ったところでは、貨幣を発明し、最初に硬貨を鋳造したのは、この地のリュディア人に間違いないとのことである。この町の南方には、といっても寄り道するには遠すぎるのだが、ボアズカレという小村があり、そこはかつてヒッタイト帝国の首都ハットゥサだったところだ。

キュルシャト・コンジャという英語の上手な機械工学専攻の学生が、ガイド役を買って出てくれた。タヴェルニエが記述した美しい寺院はいまも残っている。「新モスク」と呼ばれているが、これは十六世紀にトルコの最も有名な建築家ミーマル・シナンの弟子によって建てられたものだ。たとえば、イスタンブルのスレイマニイェ・モスクを建てたのもミーマル・シナンである。イマームが自慢そうに建物を案内してくれたが、この建物は一九一三年の火災や、いちばん最近のが一九四六年にあった地震の後などに、幾度となく補修・補強工事を受けてきた。寺院は七百人の信者を収容でき、特別の日には千人も入る。ここには珍しいものが二つある。ひとつは窓のそばにある小さな円柱で、これは完全には固定されておらず、なにを支えるのでもないのだが、手で動かすと、くるくる回るのである。言い伝えによれば、これが回るかぎり、モスクは安泰なのだ。もうひとつ変ったものは、最近クルミ材の外装を新しくした時計で、ミフラーブというメッカの方角を示す壁のくぼみのそばで、チクタクと祈りを唱えている。いつの時代のものなのか、イマームも知らない。古い箱にも、機械にも年号はいっさい見つからなかった。文字盤の上部に「マクリアン」と、製作者か販売者かの名前が記されている。針の軸の下には、美しい装飾字体のフランス語で「ア・コンスタンティノープル」〔コンスタンティノープルにて〕と書いてある。つまりこれは、十五世紀半ばに都市の名がイスタンブルと改称される以前に作られたのだろう。また、この文句はラテン文字であって、アラビア文字ではない。このことは不思議ではない。コンスタンティノープルでは、ギリシャの伝統を受け継いで時計や自動人形を製作する職人たちは、非常に評判が高かった。私はこの工芸品を仔細に観察してみた。時間を示す釘の形をした記号は、その頭が文字盤の中心を向いているか、外側を向いているかによって意味が変るのだ。とにかく、これは大変見事な手業である。

一方、ずいぶん頑張ったにもかかわらず、タヴェルニエが「最も美しいキャラバンサライのひとつ」と書いたものの跡はまったく見つけられなかった。おそらくそれは、ここでも他所と同じように顧みられることなく朽ち果てようとしているオスマン帝国時代の家々と同じ運命をたどったのだろう。けれども、トスヤから一時間半のところには、サフランボルという屋外博物館のような村があって、そこの大変美しい伝統家屋を見ようと大勢のトルコ人が訪れることがわかった。この国がその過去の豊かさを前にして感動することもあるという証拠だ。しかし、どうしてこんなに悠長で、ばらばらのやり方なのだろう！　私は怒り狂っているが、これはなぜか知らないけれど、キャラバンサライの保存がことのほか気になるからだ……。

　午後も遅くなってから、キュルシャトと一緒にハマムに行き、トルコ人の羞恥心の強さを改めて思い知った。共同シャワーで裸になるのが当り前の西洋のスポーツ施設の更衣室に慣れた私には、これは驚きである。トルコ風呂の作法はとてもきっちりしている。まず小さな部屋で服を脱ぎ、腰から足までを覆うようにタオルを巻いた後、非常に暑い第一室に入り、つぎにサウナに似た第二室に入る。壁もベンチも白い大理石造りである。おしゃべりしながら、やはり大理石でできた色々の形の水溜めから小さな金属の桶で水を汲んで体にかける。入ってから三十分後には、マッサージ係の男が垢すり用の手袋を使って、私を石鹼の泡の海に沈めてしまう。別の従業員に分厚いバスタオルで頭から足まですっぽりくるまれた後も、私たちは更衣室の長椅子に寝そべり、アイランを飲みながらおしゃべりした。私と同じように、毎日道の上でたっぷり汗に浸かったキャラバンの一行も、ハマムに行ったことだろう。私がこの後訪れたキャラバンサライは、どこも体を洗う設備がなかったのだ。

　この町はひとつ変ったところがある。ここで見かける乗物のほとんど全部が、サイドカーつきのオートバイなのだ。それは人を運ぶにも商品を運ぶにも、なんにでも使われ、大半が小さな葡萄畑の持主の所有である。もちろんクラクションがついていて、運転手はそれをめったやたらに鳴らしまくるのである。ええかっこしいのあんちゃんたちは、三本目のタイヤ、つまりサイドカーのタイヤを宙に浮かせて走り回って遊んでいる。今日の夕方、町には軽佻浮薄の香り、大盤振舞いされた、やかましい陽気さが漂っている。

夜は、私のガイドのお母さんが夕食に招いてくれた。この一家はヨーロッパ風の生活をしている。教師をしていたお母さんも、キュルシャトの妹も、スカーフを着けていない。私たちはテーブルで――村でのように床の上でなく――おいしいメゼを食べた。それは、ありあまるほどの種類豊富で彩り鮮やかな、ひとことで言って豪勢なメゼだった。エメルはひょろっとした少女で、西洋人に会えて喜んでいるようすが目に見え、その好奇心には際限がない。話題の中心は政治経済状況についてだ。PKKの指導者オジャランの裁判は、クルド人問題解決の糸口となるか？　トルコの経済危機と二桁のインフレは、世界でも有数の軍隊を維持するのに必要な膨大な費用によっておおよそ説明がつく。おなじみの悪循環だが、クルド人との紛争があるから、軍人たちは予算を二重取りできる。だから彼らは、もちろん他の人々とも協調しながらだが、当然、断固として戦争を支持する強力な勢力をなしている。破滅的なインフレは、最下層の人々を浮浪者化させている。それに、軍人がいまもよいイメージを持たれているにしても、二年以上兵役につかねばならないという将来図は、もはや知識青年に特別の誇りを抱かせるものではない。

この夜の集いのおかげで元気が出た。村での限られたやりとりは、しばしば熱烈ではあったが、人との接触や言葉への渇きを癒してはくれなかった。ここでは四人ともが、打ち解けたよい雰囲気のなかで、まるでみなが何か満たすべきものがあるかのように語り合った。別れぎわにエメルがキスしてくれた。伸びかけの顎鬚が女性の柔らかい顔に触れたのは、これが今回の旅をとおして唯一の機会になった。

読書狂のじいさん

早朝に出発して、町に着いたときに見えた大きな谷のほうに向かうと、下町のコンクリートだらけの街区を通り、一昨日ここを目にしなくてほんとによかったと思う。おかげで、しばらくのあいだ、天国の控えの間にやって来たんだと信じることができたのだ。四時間歩いて、食料品店と呼ぶのもおこがましいような店がやっと見つかる。ビスケットを買い、少し先の道沿いの土手で食べる。牛の群が高い崖の下で草を食んでいて、これが私の興味を引いた。牛たちは、何頭かずつ、しだいに消えてゆくみたいなのだ。ちょっと寄り道するのは仕方がない、この山がどうやって反芻動物たちをひとかたまりずつ呑み込んでゆくのかを解明して、気持をすっきりさせたい。結局、なんのことはない、崖に裂け目があって、腹がくちくなった牛たちは、そこから彼らのアリババの洞窟ともいうべき洞穴式牛小屋に入り、涼しいところで消化に専念できるのである。

峠に向かって登るにつれ、谷は狭まってゆく。登りつめると、道のわきに足のない男がじっとしている。それはダルマさんのような老人で、人家から十キロも離れたここで暮しているのだ。そばでは、煤で真っ黒になったやかんが、か細い熾火《おきび》のうえでかたかたいっている。夜になると、近くの林まで身をひきずって行き、そこで野宿する。ときどき、親切な人たちが水と食べ物を持ってきてくれる。トラックの運転手たちは、停まりもせずに、硬貨を放り投げてゆく。私が二十五万リラ札をあげると、彼はそれを胸に押し当てたまま、長々としゃべってくる。アッラーが百倍にして返してくれるだろう、ということは理解できたと思う。いずれにせよ、たいした金額にはならない。それよりアッラーには、こうした無一物の人たちのことをもっと気遣ってくれるよう望みたい。見えない眼を天に向けた老人の姿が思い出された。このふたりが孤独を慰め合うことができるようにすべきではないだろうか。

峠を越えると、ふたたび平らな稲作地帯が広がり、水面に映る無数の太陽できらきら輝いている。文句のつけようがないほど整然とした、真っ平らな水田を囲んで、いまも雪をかぶったキョス山の峰々が、秩序を壊そうとするかのような不ぞろいな形をして聳えている。山塊の支脈の緑に覆われた大地は、無尽蔵の粘土の供給源で、私が歩いている道に煉瓦の製造所がたくさん並んでいるのもそのためだ。

午後遅く、シルクロードの重要な宿駅であったハジュハムザ村に着く。村の構造は変わっていて、おもしろい。よそと違って、村の中、あるいはその周辺にキャラバンサライがあったわけではない。村全体がキャラバンサライだったのだ。村はいまも土と石を混ぜて造った壁に囲まれている。ここは一辺が約百メートルの正方形をした小さな砦である。内側に建てられた家屋は、城壁に接している。どの家にも外に迫《せ》り出したバルコニーのようなものがあり、監視と防衛のための櫓になっている。村の門はなくなっている。中に入ると、とても大きな厩を見つけた。半分、崩れ落ちているが、間口は二十メートルくらいある。まだ残っている部分は、煉瓦を組んだ驚くほど精妙な造りの大きな円天井で、奥行がたっぷり三十メートルはある。

イマームと一緒にモスクから出てきた信者たちと話をする。私の出現はちょっとした混乱を引き起こした。だれがこいつを泊めてやるのか？　またしても、ババ抜きのババになったような気がする。イマームが突然、ある人物に目を止め、こちらに呼んだ。すると、小柄な男がやって来て、私が坐っていたベンチの隣に腰を下ろす。ベヒチェトはしばらく黙りこくっていたが、やがてこちらを向くと、蚊の鳴くような声を震わせて、こう尋ねる。

「ドゥー・ユー・スピーク・イングリッシュ？」

ベヒチェト・クムラルは、緑のさまざまな色合いを巧みに配した格子縞の背広を着ている。灰色の口髭は薄く、彼自身も小さく弱々しげで、その存在全体がいまにも消えてしまいそうな宇宙の塵のようである。金属のように光り、射通すような黒い眼は、鋭敏な知性をうかがわせる。トルコ人にはしょっちゅうあることだが、背広とワイシャツは申し分ないのに、二、三日たった不精髭のせいで、せっかくの身なりにいくぶんだらしなさが加わって見える。ベヒチェトは農民だが、もう引退している。一年前、友達の友達であるイギリス人がやって来るという知らせがきっかけとなり、彼は七十歳にして英語の勉強を始める決心をした。結局イギリス人は来なかったが、じいさんは勉強を続けた。私たちは話をする。この村に外国語をしゃべれる人はほかにいないので、私の宿主はまわりの村人をすっかり感服させてしまい、それが嬉しくてしようのないのが見ていてよくわかる。半時間近くしてから、彼はついてくるように言い、私たちは村いちばんの通りを、夕食のために果物を買いながら、小股歩きで登っていった。

ベヒチェトは学校に一度も行ったことがなく、古新聞の文字を解読しながら独力で読み方を覚えた。彼は読書狂だ。家には本棚がひとつあるが、それはイスタンブル以来、村の家ではこれまで一度も見かけなかったものだ。彼の愛読書は『ドン・キホーテ』。そのほかの本、ことに彼が尊敬するフランスの著作家たちをトルコ語に訳した本も、わざわざ一冊一冊取り出して誇らしげに見せてくれる。ヴォルテール、デカルト、ルソー、マルブランシュ……。

「マルブランシュは読みましたか？」

私は読んでいないことを白状した。けれども、私たちはベルナルダン・ド・サンピエールあたりで妥協点を見出す……。愛すべき小さなじいさんは、百科事典もふたつ持っている。やがて彼は、英語を勉強してはいるけれど、これまで実際に使ったことは一度もなかった、だからゆっくりしゃべってくれないか、と言う。彼は抽象語の扱いにやや苦労し、言葉を口に出すまえに長いこと考える。彼は嬉しそうで、その喜びがこちらにも伝わってくる。外国人の客を家に迎えられたのがあまりに嬉しく、私のためになにをしていいのかわからないでいる。

「夕食ができるまで、少し散歩しませんか、もちろん、お望みならですが……」

私は困ってしまったが、当たり障りのないようにこう答えた。もしそうされたいなら、喜んでお伴しますが、なにしろ三十八キロ歩いてきたばかりなので……。

「いいですか、あなたがいたければ、一日でも二日でも、いや一週間でも、ここはあなたの家と思ってくださいよ」

ドアが開いて、いたずらそうで元気のいい子供たち四人が姿を現した。私の宿主の孫たちで、両親は二階に住んでいる。おじいさんと孫たちが示し合せていたのは明らかだ。とくに注目すべきは、ふつうは男の子しか私のような外国人に近づくことを許されていないのに、この家では、二人の女の子と二人の男の子が同等に扱われている。本棚を持っているこの人は、女性を排斥したりしないのだ。フランスに帰ってから、彼らの写真を送ったことに感謝するベヒチェトの手紙を受け取ったが、すばらしく荘重な文体で綴られたその手紙は、「わが孫たちが、貴殿の御手に接吻いたします」と結ばれていた。

どこの村でも私がいると見物人の行列ができたものだが、ベヒチェトの家では、だれも長老の邪魔をする勇気がないらしく、やっと人目につかぬ存在になれた。夜が明けると、彼にあてて短い感謝の手紙をしたため、孫たちにプレゼントを置いて、できるだけそっとドアを開け、こっそり出発しようとした。ところが、彼が台所から姿を現した。待ち伏せしていたのだ。朝食の用意ができている、と彼は言う、腹がからっぽのままで出かけるなんてとんでもない。前の日と同じように、自分はほとんど料理に手をつけず、私が食べるのをいかにも嬉しそうに見ているので、こちらも遠慮抜きで奥さんが作ってくれたものを残らず平らげる。彼は街道まで送ってくれる。奥さんはバルコニーから大きく手を振って見送ってくれる。ああ、なんと元気づけられることか、世界のどこかにはまだ、このちびじいさんのようにとことん個性的な存在がいるという証拠を握っているのは！

セメントの棺

夜中に雨が降った。山の頂きに向かって雲がせわしなく流れ、峰々を呑み込んでゆく。クズルルマク河は濁流となって流れ、岩の山塊にぶつかると、それを西に巻いた後、ふたたび北を向いて、やがて黒海に注ぐ。こうした自然の動きのただなかでじっと動かない水田にアオサギたちがやって来て、抜き足差し足で歩いている。

昨日の宿で片方のアキレス腱に違和感を覚えた。寝ているあいだに治まるどころか、今朝になってみると、両足の腱が異状を訴える。過労？　水分不足？　靴紐をゆるめすぎた？　午には昼寝し、痛みのある靭帯を伸ばしたり揉んだりし、渇きを癒す以上に水分をたっぷりとる。

オスマンジュクまでは、それほど無理をせずに辿り着けるだろう。道はすばらしい。トラックを通すために岩を爆破し、山を切り裂いて開かれた狭くくびれた道を通って、平野から平野へと進んで行く。また新しい平野だ。稲や麦が見渡すかぎり広がっている。そして、彼方には半円を描いてつらなる黄褐色の高い山脈。夜の雨に洗われた空気が澄みきっているので、山並が近く見える。けれども、そこまで行くには、まる一日歩かなければならないだろう。

オスマンジュクでは、四十六キロ歩いた後、わが忠実なるタヴェルニエが記す「きわめて居心地のよい二つのキャラバンサライ」を探すが、無駄骨に終った。四世紀前に彼が訪れた、十五のアーチを持つ古い橋は現存するが、通行は禁止されている。それでも外見を新しくきれいに見せようとして、上にも下にもセメントが塗ってある。私は哀れな石たちに同情する。灰色の陰気な棺のなかで、さぞや時間のたつのが長く感じられることだろう。トルコ人はセメントが大好きだ。サムスン号の船上で、ある年金生活者がこんなことを言った。「私はセメント会社の株を買っとるんです、かならず値上がりしますからな」。急上昇するのは株価だけではない、コンクリートも上へ上へと伸びてゆくのだ。

町はまるで面白味がない。二軒のホテルは、シャワーもなく湯も出ないし、部屋も似たり寄ったりだから、選ぶのに迷う。部屋は、それ以上は望めぬほど不潔で、うるさく、狭苦しく、そのおぞましさに私は突如として打ちのめされた。町を見下ろす巨大な岩山の上に砦があり、その最後の壁の最後の石が崩れ落ちようとしている。セメントもそこまでは登っていない。疲労が全身に広がってゆく。ひとりぼっちの外国人を、しばしば波のように襲うこの憔悴感と戦わねばならぬことはわかっている。そこで、アラブの諺を唱えて勇気を出す。「尊敬は旅する者に、軽蔑は家に留まる者に」

VI

ウェニ、ウィディ……（来た、見た……）

またもやセメントが……

オスマンジュクからギュミュシュハジュキョイにかけての道は、圧倒的なゴルジュ帯を通り、まさしく難所といっていい。狭い道路が、間近にごうごうと流れる急流の音を聞きながら、両側に切り立つすべらかな花崗岩の断崖の狭間をすり抜けてゆく。奔流が時に路面を浸水させることがあったにちがいなく、ただ川を通すためにトンネルが掘られているところがある。勾配はきつい。下では高度計が四百五十メートルを示すが、高原に抜け出るときには千メートルになるはずだ。

半ばまで登り、何リットルも汗をかいたころ、一台の車が停まった。若い運転手が乗せてやると言う。誘いを断ると、少し先に車を置き、エンジンを止めて、オーデコロンの瓶を手に戻ってくる。この国の風習なのだ。レストランでは、客は帰りぎわに、ひと吹きしましょうと言われ、かけてもらうと、手や時には顔にもこすりつけるのである。私は香水のたぐいがあまり好きでないので断る。キャーミル・ゼイレクは少しもめげることなく、車に取って返すと、今度はひと抱えもある宣伝用の景品をくれると言う。ボールペン、カレンダー、道路地図……。私はザックがもう重すぎるくらいなのだと説明する……。相手の失望が痛いほどわかったので、ボールペン一本と道路地図ひとつをもらうことにする。宿を貸してくれる人へのプレゼントにしよう。こんもりした橅《ぶな》の繁みの陰に坐り、おしゃべりする。キャーミルはセールスマンだが、徒歩旅行やトレッキングに熱をあげていて、私の歩行術やリュックの中身、靴や寝具の品質などについて根掘り葉掘り聞いてくる。

「トカットのへんではテロリストに気をつけなさい。朝早くも夜遅くも歩いちゃだめだ」と彼は言ってから、顧客訪問にでかけていった。

坂道を登りつめると、緑あざやかな起伏が続くところに出る。目の前には、十キロばかり高原が広がり、近くにあるダムを利用して、大規模な灌漑が行なわれている。道路沿いの食堂で歩を止め、ジュースを飲み、汗を乾かす。そこからは、数百メートル下にメルジフォン平野が見渡せる。いくつかのなだらかな丘と、とんがり帽子を傾げたような山ひとつとで、ところどころ盛り上がった広大な平地が、熱せられた空気のなかでゆらめき、地平線まで広がっている。

ギュミュシュハジュキョイの一軒しかないホテルの設備は最低限のものである。ここもシャワーはない。しかも、廊下のトイレときたら、まったく胸が悪くなるほどだ。

ホテルの正面に「メフメット・パシャ」というキャラバンサライがある。あるいは、少なくともその名残りがあるというべきか。周囲の壁は取り壊されてしまったからだ。わずかに残っているのは、中央通路の両側に並ぶ平屋造りの房だけである。その美しい眺めは、いかにも現代風を気取る街灯の列を立てたために損なわれてしまった。両端では白と黒の石を交互に組んだアーチ形の門が、とびきり見事な効果をもたらすはずであった……もしその片方の上にセメントの時計台を立てるという建築上の犯罪を犯していなかったらの話だが。五十年足らず前にこの灰色の醜悪な物体によって台なしにされたときには、建物は四百七十歳、敬うべきと言っていい年齢に達していたのだ。この無惨な破壊行為を行なうために、門のアーチを壊し、そこを灰色のセメントで埋めて土台にしてしまった。使いものにならなくなった時計は、コンクリートに描かれたまがい物の石の上にたらたらと錆を吐き出している。

時計台のすぐそば、小麦市の立つ隣の小さな広場にはキャラバンサライと同じくらい古い大きなハマムがあり、時計台に近いことで多少美観を損なわれているが、幸いなことに、いまのところセメントの狂気は免れている。同じことは、やはりこの町の見所のひとつで、建築の独創性よりは、それが呼び起こす熱烈な宗教心という点から見て興味深い霊廟についても言える。

明け方、出発前に広場の小さなレストランでチョルバ（スープ）を啜っていると、主人がいきなりこんなことを聞く。

「フランスでもやっぱり共和主義の寡頭政治に支配されてるんですか？」

何を言っているのかやっと理解できたときには、客たちはもうさっそく熱い議論を始めている。なかには私に証言を求める人もいる。出発を急ぐ私は、ごくごく限られたトルコ語の語彙ではどうせとんちんかんになってしまう政治談義は遠慮しておく。

メルジフォンに近づくと、警察の車が停まり、運転手が乗らないかと言う。

「あんたと話がしたいんだ、英語の練習をしなきゃいけないから」

まあこれは率直な物言いではある。

町に着いたらまた会って、茶でも飲みながらゆっくりおしゃべりしようということで納得してもらえる。メルジフォンに入って最初の建物はモスクだが、それが取り壊しの最中である。労働者のひとりが寄ってきて、フランス語で質問する。どこから来て、どこへ行くのか知りたがる。要するに、相も変らず同じ質問だ。

セティン・ユスフは十七年間フランスで働き、ほとんどのあいだ不法労働だった。パリの私のよく知っている地区、十八区の東側にあるグット・ドールのミラ通りに住んでいた。二年前、バカンスでこちらに戻っているあいだに重い心臓発作に襲われた。もはや働くことなど論外で、社会保険もなければ、年金もない。セティンは、もっと大きなのを建てようとして寺院を壊している仲間の退職者たちに茶をいれて時を過し、人の役に立とうとしている。収容人員百五十名のモスクは、この地区の発展の結果、小さくなりすぎ、少なくとも五百人の信者が通える建物に造り替えられることになっている。ここにいる男たちはみな退職した建築職人で、信仰心も表せ、熟練の技も発揮できるこの仕事を大いに楽しんでいる。

セティンはホテルを教えてくれたが、そこはいささか設備が物足りない。にもかかわらず、たぶんホテルが彼にコミッションを約束したのだろう、最初示された適正と思われる部屋代が値上げされてしまった。二時間後、半ズボンと靴下二足の洗濯代として双方合意していた代金も二倍になった。カモと思われるのは御免だから、もっと設備のいいホテルに引っ越したが……不時の備えとして千ドル入れてあり、ふだんは身に着けているポシェットを忘れてしまった。翌朝、忘れたことに気づき、きまり悪い思いで引き返すと、主人はたっぷり非難のこもった目で睨みながら、ひとことも口をきかずに無事だった袋を返してくれた。

キャラバンサライが朽ちてゆく

メルジフォンでは、モスクのそばで、かってはとても立派だった石造りのキャラバンサライが崩れかかっている。一般に行なわれていたとおり、それがもたらす収入は宗教建築の維持に使われた。モスクはすばらしい状態だが、キャラバンの宿は荒廃に帰している。どちらも建設は一六六六年である。唯一の入口である堂々とした門をくぐると、敷石を敷いた中庭――およそ二十平方メートル――に出る。ふたつある水場は、一方が動物の、もう一方が人間の渇きを癒すために使われた。木陰になった中庭を取り巻いて、かつては二段ベッドを備えた大きな部屋が十ばかり並んでいた。倉庫と厩に行くには中二階への通路を上るが、その通路の上に張り出した家畜の世話係用の部屋がいまも六つ残っている。二階は、回廊にそって四十ほどの個室がある。どの部屋にも暖炉が備わっている。悲しいことに、屋根はその用をなさず、建物全体が崩壊の危機にある。

キャラバンサライの入口に向き合って、もうひとつの歴史的建築、「ベデステン」とよばれる屋根つきの市場があるが、ここもまったくひどい状態だ。とても大きな建物で、円屋根が九つある。あちこちに掛け合ったものの、立入を禁ずるために錆びた鉄板をかぶせられ、南京錠のかかった樫材の扉の向うに入ることはついにできなかった。

自転車の少年

翌日、国道とそのトラックと騒音から離れることに決める。足がとうとう靴に完全な勝利をおさめたのだ。トスヤでの休息日が元気を取り戻させてくれた。これでまた、この地方にたくさんある牧草地や果樹園や榛《はしばみ》の楽園のあいだをさまようことができる。小さな道を行くが、それはオルタオワの空軍基地のまわりを延々と迂回してゆく。監視塔がいくつも立ち、中でしっかりと武装した兵士の影が動き回っている。

自転車に乗った十二歳くらいの少年と行き違った。このおかしな歩行者のただならぬ恰好に興味をそそられた彼は、曲芸なみのターンをして、挨拶すると、つぎからつぎに質問を浴びせてくる。好奇心を満足させると、判決が下る。「あんたの記録は悪くないよ……年寄りにしちゃあね」。その率直さが気に入り、彼の村に着くまで道連れになってもらう。広場で果物と野菜を積んだ軽トラックを二十人ほどの買物客が取り巻いている。彼らは商人をほったらかしにし、胸のなかの質問でうずうずしながらも、無言の儀仗兵の列のようになってわれわれを迎える。建築中のモスクの屋根で仕事をしていた職人たちが作業の手を止めて叫ぶ。

「ゲル、チャイ！」

エンデル・サカという名の少年は、私の出現が生み出す効果を意識して、それを最大限にまで高めようと狙い、屋根の上の男たちにも聞える大声で叫ぶ。

「この人、六十一歳で、イスタンブルから歩いて来たんだって」

そして、その言葉の効果に満足した彼は、サスペンスを途切れさせないよう心がける俳優みたいに、さっとひと漕ぎペダルを漕いで私のそばに戻ってくる。子供たちの群が襲いかかってくるが、エンデルは私のことを気づかい、有能な監視人の才を発揮する。彼は一キロのあいだは子供たちがついてくるのを放っていたが、しまいには追っ払う。こうして彼の情報資産は守られた。またもや質問の機銃掃射を浴びせた後、三キロ先に村と食堂があると言い残して去ってゆく。

村も食堂もない。たっぷり二時間も歩いた後、人造湖のほとりで、弁当を開こうとしていた農民たちに一緒に食べてゆけと誘われる。太陽はじりじりと照りつけ、木立はどこにもないので、トラクターにつけた荷車の陰で食べる。ご馳走してくれた人たちは、一九一四年にこの地にやってきたアゼルバイジャン人の子孫である。夕食も食べてゆけ、泊ってゆけと引き止められるが、彼らの村は私のルートから外れすぎている。娘のファディメは一度も写真に撮ってもらったことがなく、写してくれとせがむ。男の子と女の子の双子の写真も撮るが、この子たちは真っ黒で垢だらけ、鼻水を垂らし、ぎゃあぎゃあ泣きわめくのだ。

旅行者下痢症

ダムの水をせきとめる堤体から平野が一望できる。村が五つ見え、そのうち三つは地図で確認できる。方向を決めるのになんの苦労もいらず、田野を横切って歩き出す。サイグルではムフタル〔村長〕のムスタファ・ミュジデが家に泊めてくれた。気持のいい晩だ。小さな村の足腰丈夫な住民全員が、私という珍現象を見ようとつぎからつぎに押しかけてくる。まあまあの英語を話す二人の青年が、通訳を引き受ける。朝になると、彼らの姿はなく、家と村の長は、私がひとこともトルコ語を話せないと思い込んで、言葉をかけてこない。おたがいに気詰まりで、私は大急ぎでこの家を抜け出した。

つぎの宿泊地はアマスヤという大きな町である。そこに通ずる小さな道は、あふれんばかりに葉を繁らせた果樹園のあいだを縫って、谷沿いにくねくねと進む。桜桃（キラズ）の原産地とされるのはトルコ、それもとくにこの一帯である。いまは収穫の最盛期、足場のうえに鈴なりになった女たちが、せっせと柳の籠を満たしてゆく。声をかけてくるのは男だけで、私の好物を食べてゆけとすすめる。私はこの甘い、採りたての果肉のたっぷりしたさくらんぼをむさぼり食い、熱く甘美、濃密で官能的な感触を心ゆくまで味わう。もちろん、こんな食べ方は二日前から続いている「旅行者下痢症」にいいはずがなく、何度もせっぱつまって、道と果樹園を隔てる垣根の陰で荷物を下ろすはめになった。

午ごろ、冷たい雨がこの一帯に降り注いだ。町に通じる道の最後の五キロは、高速道路同然である。猛スピードで走るトラックが霧状にしてはねとばす冷え切った水に頬打ちを食らい、ようやく人家が見えはじめたときには、ずぶ濡れになって寒さに震え、腹には液状化したさくらんぼがたまっている。それでも苦難の道に終りは来ない、郊外地区が延々と続くのだ。アマスヤは幅の狭い谷に沿って身をすぼめた町で、中心街に達するにはさらに三キロ歩かねばならない。もうへとへとで凍え切っていたので、最初にあったホテルで夕食もとらず十九時に床につき、夢も見ずに夜通し眠る。

ひとりで歩くとは？

夜明けには熱い太陽が戻ってきた。歴史に富んだアマスヤは美しい町でもあり、めずらしく保存されているオスマン帝国時代の家並が川面にその姿を映している。峡谷のような地形に締めつけられたこの町を、ミトリダテスによって築かれたといわれる砦が見下ろしている。紀元前二百年ごろにはアナトリアのほぼ全域を支配したポントス王国の王たちは、この町を都とした。ヒッタイトにより開かれ、アレクサンドロス大王、後にはローマとティムール率いるモンゴル人にも征服されたこの町は、オスマン帝国時代にはペルシャへのすべての進攻軍が発進する要塞となった。スルタンの後継者はアマスヤに来て、それまで受けてきた教育を実地に移し、統治術を学ぶのが慣わしだった。

私のホテルは町の中心部を見下ろす切り立った岩壁に面している。そこには岩をうがってポントス王国の王たちの岩窟墓が造られている。私はここで一日休息をとり、それをシルクロードに関する情報を集めるために活用しようと固く心に決めている。だが、これは骨の折れる仕事だ。これまで訪れたトルコの町はみなそうだったが、ここも同じで、観光案内所――きわめてみすぼらしいものだが――があっても、まったくもっていかなる情報をももたらしてくれないのだ。二人の若者がいるが、二人ともひとつの外国語もできず、パンフレットを手渡すだけである。博物館でも同じ失望を味わう。考古学が専門の館長のアフメット・ユジェは、最近古代ローマの道路が発見されたことですっかり興奮している。しかし、キャラバンの交易の伝統は、彼が一度として解明しようとしたことのない謎であり、その点では他の誰とも同じなのである。彼はアリ・キャーミル・ヤルチュンという地元の名士で、この問題に詳しいらしいうえに英語もできる人を訪ねてみるようすすめる。私はその人が経営するイルク・パンシヨン(第一ペンション)に急いだ。ところが、彼は旅行に出ている。彼が改装した家はすばらしい。そこに部屋を借りて、おんぼろ宿からただちに引っ越す。

そこは十九世紀初頭のオスマン帝国様式の家屋である。土と木で建てられた三階家で、一階は半地下になっている。胡桃の木と柳の木が影を投げる石畳の小さな中庭は、昼寝やのんびりしたおしゃべりがしたくなる。そこには家主が収集した古い農具や家庭用具が並べてある。家の外にも台所があって、肉を焼くのに使われ、家の中に匂いがこもらないようにしている。一階は台所などがある。二階には家の外から円柱にのった庇がおおう階段で上がり、ふたつの広々した応接間に入る。そこは鉄細工の格子にまもられたたくさんの窓から差し込む光があふれかえっている。最上階は三つの寝室に分かれ、そのうちのひと部屋は、抽象模様と様式化した動物がパステル風の色で描かれた格天井《ごうてんじょう》で飾られている。アリ・キャーミルは、もとは寝具を日中のあいだしまっておくのに使われた押入れに浴室をしつらえた。私は母屋でなく、中庭の木陰の片隅にひっそりと入口をかまえた、まさに隠れ家といえる小さな部屋に泊ることにする。

もともと遊牧民だったトルコ人は、家のなかの暮しぶりも天幕のなかと同じである。ひとつしかない部屋が、応接間にもなれば、食堂にもなり、寝室にもなるというのがほぼ一般的といっていい。これはかつての天幕そのままである。きわめて質素な家ですら、床にはかならず絨毯が敷いてある。裕福なトルコ人の家では、それは壁や長椅子にまで這いのぼる。天幕時代のクッションはいまも市民権を持っているが、しだいにソファがトルコの家になくてはならぬ家具となりつつある。それは可動式になっていて、語らいにも睡眠にも必要に応じて使い分けられるからだ。食事についていうと、いまもって床にじかに置いた大きな盆を前にして、床で食べている。

町でいちばん大きなイスラム寺院である「スルタン・ベヤズット二世」モスクのまわりもしばらくぶらぶらしてみた。この建物は、トルコではどこでもそうだが、宗教的な役割を果しているだけではない。それは生活の場でもある。夜明けとともに信者たちは、入口のそばのきれいな水場で身を浄めた後、祈りに向かう。その後は、好みに応じて、モスクのそばの喫茶店で茶を飲んだり、木陰の庭園を散歩したりする。そして学生たちは、稀覯本がそろうことで有名なとても美しい付属の図書館を自由に利用できる。私はそこで一九三四年にアルベール・ガブリエルというフランス人の書いた著作を見つけ出した。彼はアナトリアにあるトルコの歴史的建築を豊富に描き出してくれるが、私にとっては残念なことに、今世紀初頭のイスタンブルで重要な地位についたこの建築家は、トルコのモスクや霊廟や噴水についてはあらゆることを細大漏らさず語るのだけれど、前にも言ったように、私がただそれだけに本当の執念を抱いている商人のための建物にはまったく無関心なのである。おそらく当時はそうした建物が無数にあって、いささかも物珍しさがなく、また建築術という観点からも興味に値するとはみなされなかったのだろう。そうは言っても、またしても私は、キャラバンに関係する建築の跡をたどることができずにがっかりした。

しかし、この町を見下ろす断崖の上から一九二八年に撮られた古い写真に、二つの巨大な建物を見つけた。旅人を迎えるキャラバンサライだ。当時のアマスヤは、東に向かうキャラバンのルート上にあって、二千年来その要衝を占めていた。また、陸路で黒海からシリアに行く商人たちにとっての宿駅でもあった。今日では、ふたつのハンのうちひとつは姿を消している。いまひとつは荒廃している。一階の崩れていないいくつかの房には職人たちが工房をかまえ、木や鉄、銅の細工をしている。隣にある大きなベデステン〔屋根のある市場〕は、二階部分が取り壊されているが、円天井の下でいまも活気あふれる商いが行なわれている。一九一九年六月十二日、まだムスタファ・ケマルでしかないアタテュルクは、アマスヤに盟友の大部分を集め、やがて成立することになるトルコ共和国の大綱を打ち出す。忠実なるアマスヤは、この出来事を祭典を開いて記念するのだが、この祭のことは長々と話を聞かされ、私がそれを待つあいだの三日間ここに留まろうとしないことをしきりに残念がられる。というのは、今日は六月九日で、そもそも祭以外の目的でこの時期ここに来るなんてことが、わかってもらえないのだ。しかし、靴底がむずむずするのだ。歩かねばならない。この現象についてはしばしば自問している。私を前に押しやるものはなにか？　いかなる抗しがたい力が、目覚めたばかりの私を道に突き出すのか？　私の困難は歩くことでなく、止まることだ。肉体の絶頂という特殊な状態に達しているからである。疲労が大方とれるやいなや、そしてそれはこの数週間耐えてきた訓練のおかげできわめて速やかに起るのだが、私は歩くことを、もっともっと歩くことを夢見る。

とくに巡礼者について言えることだが、一日平均三十キロ歩ける段階に達すると、肉体的訓練の結果、身体があるという意識が消えることが知られている。ほとんどすべての宗教において、巡礼という伝統の基本的な目的は、肉体的存在の労苦を通じて魂を高めることにある。足は地に、だが頭は神のかたわらに、ということだ。だから、歩くことには門外漢には思いもよらぬ知的な面があるのだ。こうした冒険を体験したことのない人たちは、たいてい歩きは苦痛だと考える。マゾヒズムや極端な宗教心から、膝で歩いたり、石だらけのところを裸足で歩いたりして、自らを拷問にかける人たちにとっては苦痛でもあろう。しかし、一日三十キロの範囲内なら、歩きは歓び、穏やかな麻薬なのである。

孤独な徒歩旅行は、人を自分自身と向き合わせ、身体という束縛や、月並みで穏当至極の制約された思考形式のなかに人を閉じ込める、ふだんの環境から解き放ってくれる。巡礼はほとんどだれもが、長い長い歩きの後で自分は変ったと思うのである。それは、もしこの長い自分との対決をしていなければ、たぶんいつまでも見つけることができなかったにちがいない自分自身の別の部分に出会えたからである。またこのことは、ひとりで歩くことをとくに大事にしなくてはならない理由ともなる。しかし、ひとりでも、宿泊地では仲間たちとの再会を喜べないわけではない。巡礼やシルクロードのキャラバンの隊員たちが私より有利な点はそこだ。夜になれば、彼らは信仰や疲労の度合いや発見を共有しているかどうかに関係なく、歩き屋同士、感じたことや思いがけない感動を交換し、比較しあい、昼間進めた考えを批判にさらすことができるのだ。

英語の授業

六月九日朝、早起きして、イルク・パンションの近くで熱々の味の濃いチョルバ——私の栄養の基本——を啜っていると、迷彩服姿でずっしりした小銃と自動小銃で武装し、防弾チョッキを着けた兵士を詰め込んだ五台のミニバスが食堂の前に駐まった。装甲車もやってくる。彼らは夜を徹してこのあたりの道路をパトロールしていたのだ。キャーミルはトカットのへんには「テロリスト」がいると教えてくれた。まだそこまで行っていないが、軍の動きから見ると、このへんもけっして安全が保証されているわけでないのは明らかだ。

七時三十分、家並の外れにさしかかると、十二歳くらいの中学生がふたり近寄ってきて、おなじみの質問をしてくるが、今回は英語である。彼らは、クラスのみんなの前で私の旅の話をしてはくれないか、ちょうど一時間目が英語の授業なのだと言う。私はちょっとためらう。朝の涼しい時間のほうが距離が稼げるし、今日の行程は三十五キロ以上あるからだ。だが、彼らは説得がうまく、誘われるままになる。子供の願いをはねつけるのはどうも苦手だ。獲物に鼻高々のちびさん二人に付き添われて、門をくぐる。生徒は全員制服を着ている。青のブレザーに、男の子は白いワイシャツと灰色のズボン、女の子は白いブラウスに灰色のプリーツスカートだが、さらに灰青色のスカーフを着けている。はしっこい子が先回りして知らせに走った職員室では、先生たちが待ち構えていた。もちろん私たちは例のごとく茶を飲み、その後、ふたたび案内の子供たちの手に渡った私は、彼らのクラスと先生のもとに導かれる。

オズヌル・オズカンは小柄な女性で、背丈は生徒と同じくらいしかない。けれども、彼女はたいした教育者なのにちがいない。子供たちの英語のレベルは見事なものである。十分間で私は自分の計画を説明する。みんな熱心に耳を傾け、その後は旅行のコースや動機、家族やパリについて質問が雨霰と降りかかる。私はすべてに答えるが、生徒たちはさらに好きな動物やひいきのトルコ人歌手まで知りたがる。やっと質問の波がおさまったときには、ゆうに四十五分は経っていた。私のほうからは、スカーフのことを不思議に思って聞いてみる。オズヌル——自分は着けていない——は、ここは宗教系の私立学校なのだと説明してくれる。公教育では、特定の宗教を表すしるしのいっさいが全面的に禁止されている。とくに質問好きで熱心な、クラスの女子ではただ一人スカーフを着けていない少女が、私を門まで見送りに行こうと先生に提案する。記念撮影の後、許可が下り、二人の生徒だけが教室に残る。ほかのみんなは、ふだんの授業をあと何分かよけいに逃れられるのが嬉しく、私についてこようと殺到する。来たときよりもっと騒がしくはしゃぎ回る護衛隊を引き連れて、広い校庭を横切る。子供たちはみんな名前を教えてくれる。私が門を出ても帰ろうとせず、道路を見下ろす芝生に沿って走る。曲がり角で私の姿が見えなくなるまで、そこを離れず、手を振り、大声で私の旅の無事を祈ってくれる。

きなくさい兆し

いちばん大きな通りが「絹の道」という名の村と、その先では「絹の村」と名乗る集落を通る。ともかく、私は正しい道にいるわけだ。しかし、痕跡はそれしかない……。道路を見下ろす山の斜面に大きな白い石を並べて「ネ・ムトル・テュルキュム・ディイェネ」、私の訳では「最大の幸福、それはトルコ」となる標語が描かれている。この標語をペンキで家に描いている住民もいる。今後も、こういう排外的愛国主義の表明はしょっちゅう目にすることになるだろう。白い石で描かれた他の標語には、お国自慢もあれば、軍やジャンダルマを褒めそやすものもある。そもそも、このあたりではどこに行っても軍の姿があるのだ。

道端で射撃準備のととのった機関銃に兵隊二人が配置されているのを発見。その先では、十人ほどの兵士が車やトラックを止めている。歩行者がいることに彼らはびっくりする。彼らは私に向かって冗談を言うが、邪魔立てはせず、気をつけてと言ってくれる。

国道を離れ、小さな道に入る。二日でジレの町に着くだろう。今夜は、もしそこまで行けたら、地図で名前が目を惹いた村に泊まるつもりだ。その名もケルワンサライ〔トルコ語でキャラバンサライ〕。

天気は暑く、雷雨になりそうだ。午には、ウルジュという集落で歩を止める。バッカルで食料を買ってから、隣の喫茶店に腰を落ち着ける。客たちは私に質問がしたくてたまらないのだが、その勇気が出ない。不精髭を生やし、やせて日焼けした男が、みなを圧倒する態度で入ってくる。ムスタファ・アシルは店内をちらと見まわすと、私のザックに目を留め、ごく当り前のように私のテーブルに来て坐る。ほかの客たちは、ただこのときを待っていたのだ。彼らは自分の椅子をつかむと、われわれのまわりに輪をつくって坐る。私が質問に答えているあいだに、とても飲み切れない茶のコップがいくつも運ばれてくる。トガリネズミのような小さく光る眼をしたムスタファは、私のメモ帳に自分の名前を書いてから、新しいページをめくり、もうひとつ名前を書いて、こう説明する。

「今晩ケルワンサライに着いたら、この男のところに泊ればいい。友達のギョー・ベクタシュだ。おれの名前を出せば、歓待してくれるよ」

今朝の子供たちと同じように、野次馬連は喫茶店のテラスに出て私を見送り、最初の角までさよならの手を振ってくれる。登りは長く、きついものになりそうだ。いまは高度四百五十メートル。十五キロ先のケルワンサライは千二百メートルである。気配のあった雷雨が炸裂する。息を切らした少年が私に追いつく。煙草をくれと言う。私は持っていない。それにしても、煙草を吸うためだけにわざわざ駆け登ってくるとは妙だ。少年は待ってくれと言い、下の方のつづら折りの道を銃を肩からななめに背負った男が、われわれに追いつこうと懸命に登ってくるのを指差す。少年に危険なようすはないので、待つことにする。武装の男は、歩きながら肩から銃を下ろすと、右の前腕を支えにして持ち、銃身を地面に向け、台尻を体に押し当てた。敵か、味方か？　道に坐り込み、まだはあはあいっている少年は、危ない素振りも、不安そうな素振りもまったく見せない。もうひとりが近づいてくるあいだに、私は少年に自分がどこから来て、どこに行くのかを言う。カービン銃を持った男は、とうとうわれわれに追いつくと、小さな太鼓腹を揺らして腹で息をする。少年は、私が説明したことをトルコ語で繰り返す。

「観光客か？」と小太りの男が聞く。

私は首の動きで答える。彼らはふたりとも落ち着いた眼でこちらを眺め、それから一言も口をきかずに回れ右をすると、坂道を降りてゆく。少年があんなに急いで走ってきたのは、煙草のためなのか、それとも罠があることを先回りして知らせてくれようとしたのか、それはついに知ることがないだろう。彼らはなにを考えていたのか？　謎だ。

キャラバンサライという名の村

ケルワンサライの村は、草も木もない、ゆるやかに波打つ準平原にぽつんとかたまっている。クレーターのような大理石の採石場から大型トラックが出てくる。荷台に積まれた巨大な石の塊は、きっとアッラーの思し召しなのだろう、なんとかバランスを保っている。雷まじりの驟雨はじきにやんだが、標高が高くなったのと相俟《あいま》って、空気がひんやりしてきた。家畜小屋と家が交互に並んでいる。どちらも土と木の質素な造りだ。ぬかるんだ道で子供たちが泥だらけになって遊んでいる。開いたドアから汚水桶の中身が勢いよく道にぶちまけられたのを危うくよける。私が近づくと、ふだんの生活が一時停止して、男と子供は立ち止まって私を観察し、婆さんはスカーフで口と鼻を隠す。西洋の女も、不快感や恥ずかしさや困惑を表すとき手で顔を隠すのは、反射的に同じことをしているのではないだろうか？

ギョー・ベクタシュの家はいちばん外れの家だ。主人は固太りの男で、ぼってりした顔に分厚い口髭が一文字の線を引いている。友人のムスタファの名を出すと、気安く迎え入れてくれる。主の名はギョー（目）ではなく、それは渾名で、ほんとうはデミルジという。渾名の意味は、彼はひと目でぴたり、なんでも抜かりなくお見通しということだ。裕福とはいえず、牝牛四頭とやせた土地が十五ヘクタールあるだけである。それでも、彼は客と分かち合う。宗教はイスラムのアレウィー派に属している。しなびたりんごのように皺だらけの痩せた爺さん一人をのぞいて、ギョーの家に私がいても、いつものような行列はできない。この村には、アマスヤまであれほど私を魅了した住民こぞっての熱烈歓迎の雰囲気が見られない。銃を持った男も、道を聞いたなにがしさんたちも、口にはしないが、私を怪しい者と見ていることには気づいていた。山の暮しの厳しさだろうか？　軍人にしろ民間人にしろ、今朝から出くわした武器を持つ男たちの存在から、このあたりにきなくさい空気が漂っていることは明らかに知れる。ここでは戦闘が行なわれているのか？　尋ねてみるが、答えてもらえない。

ギョーの息子のひとりは、冬のあいだイスタンブルで内装工として働き、夏にはこちらに戻り、農作業の手伝いをしている。無骨さの見本みたいなこの家に、どこかこざっぱりしたところがあるのは、彼のおかげなのだろう。

「ギョーさん、お子さんは何人？」

「四人だ」

「小さな娘さん二人と息子さんには会ったけど、四人目は男の子、女の子？」

「ちがうよ、息子が四人と娘が五人だ」

娘は数に入らないのだ。それでも、きつい仕事が免除されるわけではない。二人の娘は、暖炉のまえにしゃがんで熾をかき立てながら食事の用意をする母親を手伝っている。やがていちばん年下のサティが、私たちのまえに背の高い五徳《ごとく》のようなものを据え、そのうえに大きな盆、そしてそこに料理の入った皿を置く。挽き割り小麦、トマト、玉葱、ヨーグルトが、暖炉で温め直した円くて平たい大きなパンと一緒に出された。ギョーがサモワールでいれた茶をふるまう。食事の終りには、サティが水の入った壺を持ってきて父親のまえに立ち、まず洗面器、ついでタオルを差し出す。父親は椅子から立ち上がることもなく、手と口を洗う。そして、私にも真似をするようにすすめる。私は断る。こんな奴隷みたいなことを無理やりやらせるのは少女に対する侮辱だと思うし、可愛いサティに自分がこんな世話をさせるのは真っ平だ。私はひとりで洗おう……もし外に水場があったらだが。

水場は見つからず、とっぷり暮れた夜のなかを家の裏にあるトイレに行くべく、危なっかしい探検に出発する。やがて手探りで、数段のぬるぬると濡れた階段の上に立つ木の小屋を探しおおせた。屋根は嵐のときに吹っ飛んでしまったのだろう、便壺のうえに尻をかがめて、星をじっくり眺めることができる。

私が寝るのは、ギョーが私を接待してくれ、彼の寝室ともなる応接間の反対側の部屋である。ここの村の家はどこもそうだが、この家も五つの部屋があり、台所が中央を占め、他の四つの部屋がそれぞれ角部屋になっている。暖炉で暖房された中央の部屋は、調理をするほか、各種の農具の置場にもなっている。他の四部屋はかなり窮屈で、原木の床をリノリウムで覆い、うち二部屋はさらに絨毯が敷かれている。ここの人は、土間になった台所から脇の部屋に行くために何百回も靴を脱ぐ。家具はごく限られたものだけだ。ベッドは細長い板を釘で組み立てた台で、そのうえにマットレスが置いてある。幅のごく狭い棚板が、床から二メートルほどのところで二面の壁に取り付けられている。それが衣装簞笥である。棚板からは何本も釘が飛び出しているが、それが外套掛けである。部屋の片隅に丁寧に畳まれた毛布が重ねてあり、暖炉のほかに暖房はないから、四カ月続く冬のあいだは大いに役立つことだろう。

家と同じく、衣服もケルワンサライの全住民が同じものを着ている。女たちは、時折はでな色のもあるセーターの下に、地面まで垂れる、灰色っぽい重たげな地の丈の長いワンピースを着ている。そして、スカーフを着けている。年のいった婆さんたちが口と鼻を隠すのは、私がいるときだけだということに気がついた。ギョーと私たちを訪ねてきた爺さんは、村の他の男たち同様、ワイシャツに布または毛糸編みのチョッキを着ている。息子はワイシャツ一枚である。町ではネクタイの着用がごく一般的だが――トルコ人は「くだけたフレンチ・スタイル」が粋とは思わない――、ここでは襟は開けている。ゴムの短靴をはくのがきまりのようになっていて、このオーバーシューズみたいなものをみんな素足につっかけている。最後に、男は全員、庇つきの帽子をかぶっている。私はまるで土地のルックではないのである。

ギョーはシルクロードについていくらか知識を持っている。ジレを経由して、ここの南に位置するシワスに行くキャラバンは、厳しい取り立てをしたトカットのパシャの収税吏を避けるためにここを通った。村の名前となったキャラバンサライがどこにあったのかは、彼は言うことができない。確かなのは、アマスヤからケルワンサライまでの距離、この日私が歩いた三十六キロという距離は、キャラバンの一日の大行程――「大」というのは高度差が八百メートルあるから――に合致するということである。

カエサルの会戦

明け方、ギョーは村はずれまで送ってくれた。ヤイラヨルというつぎの村は、かつてはバジュルと呼ばれていた。ここの家々は、われわれのアルプス地方の農家と同じで、家畜小屋の上に建てられていて、家畜の群が冬の暖房装置の代りをするのである。この村は五百年のあいだ、キリスト教徒のギリシャ人が暮していた。彼らは一五五〇年ごろに去ったらしい、と土地の古老が私に言う。しかし、私にとってそんな情報がなんの役に立つだろう? それに、その情報はどこから来たのか? 自分の村の歴史をただこれだけで済ますようになるまでには、改変や忘失がどれほどあったことだろう? そして、現在までの五百年間にはなにがあったのか？　この人は、それを知っているのだろうか？

バジュル‐ヤイラヨルは、紀元前四七年に戦場に向かうファルナケスの軍勢が通ったときからほとんど変っていないだろう。私は写真を一枚撮って、中庭でやはり紀元前四七年にはあったにちがいない織機を使って、一種の長いキリムを織っている二人の女とおしゃべりした。長さが二十メートルはありそうな絨毯は、中庭の端の杭に固定されている。もう一方の端では、一人の女が地べたに坐り、糸をまっすぐに保っている。中央では、三本の長い棒を組んだ簡粗な三脚に織物が吊してある。織り手の女はしゃがみこみ、ただの木の板二枚でできた織機本体の左右に杼《ひ》を飛ばす。

さらに別の二人の女の写真も撮る。把手が四ついた大きな盆を持つ彼女らは、すてきに古式めいている。私は大ブリューゲルの『農民の婚宴』という絵で、食べ物を一面に並べて二人の男が運ぶこういう形の道具をすでに見たことがある。女たちは、この担架のような台に、大きな円盤状のものをうずたかく積み上げている。それは一家の一週間分のパンで、朝早くから窯で焼いているのだ。ここではすべてが昔のままに見える。

一時間後、北はもとのバジュル、南はユンリュの村にはさまれた、でこぼこだらけの平原の草に腰を下ろした。高度計は千三百三十五メートルを示す。おそらく今日のように暖かい曇り空の昼間のこと、まさにここで伝説的な戦いが繰り広げられたのだ。紀元前半世紀、ポントス王のファルナケスは、アルメニア、カッパドキア、ガラテヤをふくむ、かつて先祖が治めていた領土を再征服しようと心に決める。そして、自分のものであるはずの領土の一部を占領しているローマに宣戦布告し、遠征を行なう。そのころエジプトにいたカエサルは元老院から、手勢を率いてこの厚かましい男をおとなしくさせてこい、という命令を受け取る。二人の男が対決するのはここ、私の目の前に広がる波打つ大地でのことだ。

　ザックによりかかり、宙を見つめて、私は夢想し、想像する。ファルナケスは、首都のアマスヤから昨日私が通った道をたどり、私の左手に陣を構えている。カエサルはユンリュ村に野営し、南から私の右手を通って到着する。夜が明ける。遠く東の方では、コジャババ（巨大な父）山の威容が朝靄《あさもや》を破って姿を現す。まわりの土地の起伏を利用して、両軍とも控えの軍勢を潜ませている。高地の風がさっと吹き渡り、丈の低い草を震わせる。命令が下る。ローマの軍団は密集陣形をとって前進する。そのとき、ファルナケスは起伏の陰に隠していた自身の創案にかかる恐るべき兵器のベールを剝ぐ。車輪に鎌を取り付けた戦車である。その威力たるやすさまじいものである。いま私のそばで草を食んでいる馬と同じような、身の引き締まった筋骨たくましい小型の馬たちが、御者の鞭にこたえて歩兵の隊列に突っ込み、血染めの轍を刻んでゆく。五時間のあいだ、戦闘は熾烈を極める。男たちは疲れ果てている。そしてついにローマの秩序が勝利を収める。そして、カエサルは元老院に宛てて、戦争の歴史上、最も短く最も有名な戦闘報告を書字板に刻むことになる。かくも多くの配下の兵が命を落とした戦場で、彼が書き取らせた言葉はこれだけである。「ウェニ、ウィディ、ウィキ」（来た、見た、勝った）。

　白刃のきらめきを見、死に向かって突撃する男たちの喊声《かんせい》を、負傷兵のうめき声を、矢の唸りを、鞭の鳴る音を聞いたこの波打つ大地が静けさを取り戻してから二千年がたった。いまはただ草原をさやさやと渡る風の音と、空に舞い上がるひばりのトリルが静寂を破るだけだ。私は時を忘れて夢想にふけり、それからやっとリュックを背負い直し、道に戻る。戦車の車輪に鎌をつけるというアイデアはといえば、それはハリウッドのB級映画で大成功をおさめることになるだろう。

飾らぬ幸福

戦闘を目撃したもうひとつの村であるユンリュは、ジレ街道から離れた丘の斜面にある。そこに行くには、アスファルトの道路を離れ、土の道をたどることになる。その道で散歩中の二人の爺さんに行き合った。好奇心を満足させてやると、二人はザックに目をつけ、こう尋ねる。「ともかくちゃんと武器を持っとるな。小銃かい、それともピストルかね？」この質問はばかげているように思われ、私は答のかわりに高笑いを返す。だが、二人は笑わない。

村の小路を曲がったところでヒュセインに出くわした。彼を避けようとしても、無理だったろう。頭は家の壁の陰に、汚れたはだしの足は通りをふさぐように日なたに投げ出して地べたに坐っていたのだ。彼は木工職人のアフメットが使っていたような切れ味のよい手斧で木を削り、先端が曲がった三叉のとても変った干草用フォークを作っているところだ。こういうのは一度も見たことがない。このフォークにはたがいに向き合った三本の長い指がついている。下の方の人差指と中指はわずかに上を向いて湾曲し、それに向き合う親指は下の方に曲がっている。ヒュセインはこの形にするために、三年のあいだ、自分の畑を縁取る生垣の灌木の成長を管理した後、それを形が整うように固定して乾燥させたのだ。先端を十分にとがらせれば、あとは柄を取り付けるだけである。

ヒュセインは仕事の手を休めて、朗らかに言葉をかけてくる。私は写真を撮る。古い農具に興味を持っているからだ。そして、いま目の前にあるのは、大昔からこうして作られてきたものなのだ。ヒュセインは昼飯を食ってゆけと誘う。早いうちにジレに着きたいので招待を断るが、彼は承知せず、私の腕をつかむと、友好的ではあるが力を込めて私を引っ張り、家に押し込む。あっという間もなく、荷物が下ろされ、力ずくで応接間に連れ込まれる。ヒュセイン流接待の熱烈さにはだれも逆らえない。それは人を包み込み、心を暖め、どんなためらいも消し去ってしまう。彼はなにもかも知りたがる。女たちは台所で聞き耳を立て、かわるがわるやってきては少しずつ情報を仕入れ、ほかの女たちに報告する。この家には飾らぬ幸福の雰囲気、人が世界に絶望したときに慰めを求める美《うるわ》しい情景がみちている。

主人は突然、私が坐っていた板張りの長椅子から立つように言い、上の板を持ち上げると、鳥籠に手を入れて、彼が飼い馴らし、家のなかで飼っているヤマウズラをひょいとつかまえる。鳥は部屋をうろつき、皿のうえの残り物をつまみぐいしにくる。ヒュセインは外国人を客に迎えたのが嬉しく、その喜びがこちらにも伝わってくる。彼は私の腕をさわり、肩をたたく。ふれあいを求めているようだ。抑えがきかなくなったら、私を抱き締め、頬ずりし、キスしたことだろう。この人は心が広く、思いやりがあり、親愛の情にみちている。美しい性格の持主だ。そして、私がふたたび荷物を背負うと、彼はちょっと先までどうしても送ってゆきたいと言う。

トルコ人の友愛

雨で土をさらわれた石ころだらけの道は急な下りで、歩きづらく、勾配が急すぎて歩行者しか通ることができない。ころがる砂利に足をとられ、乾いた土のうえでスリップする。五百メートル下を渓流が蛇行している。ジレ街道がぴったりとその流れについてゆく。ヒュセインは私のそばを歩き、私が転落したり、逃げ出したりしやしないかと恐れているかのように、腕を組んでくる。私はこの体のふれあいにちょっと困惑するが、トルコ人が男同士でこんなふうに腕を組んでいるところは何度も見ている。そして、この友愛の証しに心を打たれる。この人は友情を触覚で表現するのだ。岬のように突き出たところまで来ると、街道に出るまでの残りの道が見える。そこからは十五分のあいだ、ひとりで下りつづけるが、振り返って見上げるたびに、見晴台のうえで豆粒のように小さくなったヒュセインが、別れの合図に両腕を振るのが見える。

これほど自然に湧き出る友情を熱烈に示してもらったおかげですっかり元気の出た私は、ジレまでたどるつもりの、ゆるい坂になった街道に出た。深くえぐれた渓谷で、さくらんぼの木に登った二人の男が、一緒に食い放題をやってゆかないかと誘う。私は果物をたらふく詰め込む。標高が五百メートル高いヤイラヨルでは、さくらんぼはまだ青かった。

ジゴロ志願

ジレはオスマン帝国時代の美しい家々を保存してきた。町を見下ろす砦の防壁から明日歩く予定の東の方をつくづく眺めると、農地になった広い平原に村が六つ散らばっているのが数えられる。町ではインターネット・カフェを探すが、無駄骨だった。しかし、そのことを若者たちに話すと、長いことかけてあちこちに当たったあげく、コンピューターに夢中のイヒサンというカメラマンの家に連れて行ってくれた。彼は自分のコンピューターを使わせてくれる。メールボックスには、八月六日に行なわれるレミとラビアの結婚式の招待状も入っている。イスタンブルでラビアは、結婚するつもりだが、まだなにもはっきり決っていない、と言っていたのだから、彼らはことを急いだのだ。残念なことに、たぶん八月六日には、私はタブリーズとテヘランのあいだのどこかにいるだろう。それで、折り返し幸福を祈る旨の返事を送るだけにする。メールを読んでいるあいだに、イヒサンは友達で日刊紙「ミリイェット」のジレ通信員をしているハイダル・チュハダルを呼んでいた。彼は記事を書くために私にインタビューし、地方テレビ局のために私を撮影する。役割の逆転だ。質問をして過した人生の後で、私ははじめて答える側にまわった。

翌朝、道を歩き出すと、自転車に乗ったエムレが追いついてきた。彼は二十歳で、天使のような顔をしている。失業中だが、もうじき南の海岸にある海水浴場のシーズン中の仕事にでかける。十キロほどのあいだ、彼は将来の人生を声に出して空想するが、それは彼の目には輝いて見える。この夏には、金持のイギリス人女性を誘惑して、結婚したいと思っているのだ。そうすれば、夢が実現できる。緑豊かなアルビオン〔イギリスの古名〕で働かずに暮すという夢だ。私は、そんなに若い年で立派なジゴロ生活を始めるとはすごいな、とほめる。彼は気を悪くして、ハンドルを回すと去って行った。午になったが、食堂はどこにも見当たらない。ガソリンスタンドの人に聞くと、十五キロ以上先に行かないとないと言う。彼のところにはジュースもビスケットも売るものはない。また歩き出すと、呼びとめられる。

「……だけど、おれの昼飯がある。おいで、一緒に食べよう」

1989年11月創立 1990年4月創刊

一九九五年二月二七日第三種郵便物認可　二〇一三年六月一五日発行（毎月一回一五日発行）

月刊
機
2013
6
No. 255

発行所　株式会社 藤原書店©
〒一六二-〇〇四一 東京都新宿区早稲田鶴巻町五二三
電話 〇三・五二七二・〇三〇一（代）
FAX 〇三・五二七二・〇四五〇
◎本冊子表示の価格は消費税込の価格です。

編集兼発行人
藤原良雄
頒価 100円

各国史を乗り超え、初めて「世界史」を切り拓いた歴史家の集大成！

岡田英弘著作集（全8巻）発刊

——旧来のアカデミズムの壁を打ち破る——

岡田英弘

「十三世紀、地中海文明とシナ文明を繋いだモンゴル帝国から世界史は始まった」と、初めて〝世界史〟を定義した歴史家・岡田英弘。

朝鮮史から出発し、満洲語史料『満文老檔』共同研究で日本学士院賞を史上最年少で受賞、モンゴル史研究から〝モンゴル〟をキーワードに文明の繋がりが読み解けることを発見した。漢字漢文のみの「中国」文明という捉え方が、東アジア史研究を曇らせてきた。本著作集は、現代世界を読み解く重要な鍵となるはずだ。　編集部

●六月号目次●

著作集発刊

私が東京大学の東洋史学科に入学したのは、朝鮮戦争の始まる直前の一九五〇年春である。当時、文学部に入るのは失業に直結する道で、しかも日本人はアジア大陸から総引き上げの時代だったから、東洋史を専攻するのは物好きにもほどがあると思われた。それを覚悟で選んだのだから、なるべく不人気な分野をやろうと思って、卒論には朝鮮史を選んだ。

そうしたらもっと不人気な分野があって、それが満洲史だった。アルバイトしながら研究した満洲語文献で、私は史上最年少で日本学士院賞を受賞した。

それでも職はないから、フルブライト奨学金でアメリカに留学してモンゴル語とチベット語を学び、モンゴル年代記を史料として十五〜十七世紀のモンゴル史を再構築するという新しい研究分野を開拓した。帰国してもなお半失業状態なので、今度は西ドイツに留学してモンゴル史の研究を続けた。正規の職を得たときには三十歳を越えていた。

こうして私の研究領域は、シナ、朝鮮、満洲、モンゴル、チベットと広がったが、そのお蔭で、異文化間では史実の認識にギャップがあることがはっきりわかった。同じ事件についても、日本人と中国人、中国人とモンゴル人、中国人と満洲人では受け取り方が全く違い、したがって記述がぜんぜん違う。文化を越えた真実というものはあるのか、あるとすればどうしたら到達しうるか、これが歴史学に対する私の不変の課題となった。

私の学問が既存の枠組みにおさまらないのは、私が他人と同じことをしようと

■岡田英弘　略年譜■

一九三一年（昭和六）東京に生まれる

一九五三年（昭和二十八）東京大学文学部東洋史学科を卒業

一九五七年（昭和三十二）六月、『満文老檔』の研究で日本学士院賞を受賞（二十六歳、史上最年少）

一九五九〜六一年（昭和三十四〜三十六）フルブライト奨学金でアメリカ合衆国シアトル市ワシントン大学に留学

一九六三〜六五年（昭和三十八〜四十）ドイツ連邦共和国ボン大学東洋研究所の客員研究員となる

一九六六年（昭和四十一）東京外国語大学アジア・アフリカ言語文化研究所助教授に採用される

一九六八〜七一年（昭和四十三〜四十六）ワシントン大学客員副教授

一九七三年（昭和四十八）東京外国語大学アジア・アフリカ言語文化研究所教授

思わなかったからだ。すでに他人が歩いた道をなぞっても、行く先は決まっている。それより、自分の目で見、自分で感じたことを追求していく方が、真理に近づく確率は高い。

日本人は実は誇るべき歴史を持った世界に冠たる民族である。日本人だからできない、と考えるのではなく、日本人だからこそできることがあると考えるべきなのだ。自らの力を信じ、自ら決する者だけが、道を切り拓いてゆける。国も同じであることを、歴史は語っている。

第1巻について

私の著作集の第一巻となる『歴史とは何か』は、私の歴史理論の原論でもあり、また総決算でもある。

本巻第Ⅲ部の最後に収録した「世界史は成立するか」が、山川出版社『歴史と地理』に掲載されたのは一九七三年のことである。その後、機会があるたびに考えを詰めていき、二〇〇一年には、文藝春秋から文春新書版『歴史とはなにか』を刊行した。これは幸い版を重ね、二〇一三年三月五日には十六刷、累計七万二千部になった。一部分は教科書にも掲載されているし、大学の入学試験問題にもたびたび採用されている。

に昇任

一九九三年（平成五）東京外国語大学定年退官

一九九六〜二〇〇〇年（平成八〜十二）常磐大学（水戸市）国際学部教授

一九九九年（平成十一）八月、インディアナ大学アルタイ学賞（通称ＰＩＡＣメダル）を受賞

二〇〇二年（平成十四）八月五日、国際モンゴル学会名誉会員

二〇〇八年（平成二十）五月二十日、モンゴル国政府から北極星勲章（Altan Gadas odon）を授与される

現在、東京外国語大学名誉教授、東洋文庫研究員。

《主要著書》『モンゴル帝国から大清帝国へ』『康熙帝の手紙』（藤原書店）、『この厄介な国、中国』（ワック）、『世界史の誕生』『日本史の誕生』（ちくま文庫）、『歴史とはなにか』（文春新書）等。

それで本巻は、新書版に結実するまで、つまり二〇〇一年に至るまでに発表したものや講演記録などを中心として編集した。新書版ではきわめて短い文章に凝縮されているので、講演のほうが、私の論点がわかりやすい場合がある。また、対談や討論会などは、相手の発言を受けて話しているので、説明の仕方が微妙に異なる。拙著をすでに読んで、言いたいことは、だいたいわかっていると考えている読者にも、なるほど、これはそういうことだったのか、と、本巻のあちらこちらに新しい発見があるのではないかと思う。

新書版とは文章が重ならないように、単行本未収録の原稿、すでに入手困難になった書籍に収録されたもの、討論会における発言記録、等々を中心に構成したが、新書版のなかの一部の章、歴史理論をきわめて簡潔に論じた「歴史の定義」と「時代区分は二つ」、さらに「古代史のなかの区切り」「地中海文明とは何か」は、第Ⅱ部の「あらためて歴史を定義する」に再録した。

その他の文章は、さまざまな機会に論じたものを収録しているので、よく似た論を繰り返しているところが多々あるが、それぞれが完結した論文でありエッセイであるので、重要なことは何度でも読んで、その都度、私の思考実験につきあう、という作業を楽しんでもらえれば嬉しい。

最後に、たいへん重要なことを述べなくてはならない。もうお気づきかもしれないが、私はこの著作集において、「中国」という名称を、十九世紀以前の隣の大陸にいっさい使用しないことに決めた。もともと、英語の「チャイナ China」に対応する日本語は「シナ（支那）」だったのに、戦後、ＧＨＱの命令と過剰な自己規制により、すべて「中国」と言い換えてしまったために、その後、嘘が拡大して今日に至っている。「中国」という言葉は十九世紀末まで存在しないのだから、今回の著作集では、再録した私の過去の文章の「中国」について、土地や文明としては「シナ」、人は「中国人」ではなく、原則として「漢人」と書き換えた。読者の了とせられんことを請う。

じつは私は、昨年二〇一二年十一月に心臓の脈が取れないくらいの不整脈で入院した。重い心不全で、腎機能も急激に低下したので、私の人生もこれで終わりだと覚悟を決めた。しかし、私がいなければ著作集が世に出ない、と、私の生涯最良の弟子でもある妻に泣かれたせいで、私も発憤して、三カ月後に退院することができた。

（おかだ・ひでひろ／歴史家）

五〇年間におよぶ横井小楠研究の集大成

二十一世紀に生きる思想家、横井小楠

源　了圓

横井小楠研究の集大成

私の横井小楠研究を締めくくるにあたり、本来であれば小楠との出会いや研究の歩みを簡略に振り返るべきところだが、それについては、本書の補論でかなり詳細に述べているので、ここでは繰り返さず、本書の構成・内容について簡単に記すに留めたい。

本書の第一部「「公共」の思想と「開国」論」には、小楠の「公共」の思想に着目した論文を集めた。二〇〇一年の「京都フォーラム」のカンファレンスにおいて、「公」と「私」が問題とされた際に、小楠の普遍的精神の核心は「公共」だと考えていた私は、小楠を通じて「公共」について論じた（「横井小楠における「公共」の思想とその公共哲学への寄与」佐々木毅・金泰昌編『公共哲学3　日本における公と私』東京大学出版会、二〇〇二年）。

小楠が注目したのは、儒教の中でも孔子以前の「三代の学」の思想であり、またジョージ・ワシントンを始めとする西洋の思想であったが、それらの重なる部分、その両者をつなぐものが「公共」であると私は論じたのである。そのときに、山脇直司氏（東京大学大学院教授）がそれを理解し共鳴し、小楠の「普遍的精神」について的確なコメントをくれた。そうした小楠の「公共」の思想と、開国論との関連を扱っているのがこの第一部である。

第二部「「三代の学」と「天」の観念」では、儒学のなかでも、古代の堯・舜・禹という三代（夏・殷・周）の時代の支配者の、人間の社会生活に必要な、実用的なものを踏まえた、ある一つの普遍的な儒教思想について論じた。

堯・舜の場合は、思想の普遍的な面を強調しており、禹はそれに加えて、土地を開墾するなどの労働を通じて人間の世界が拡がっていくなかでの思想を論じている。小楠は、この二つの要素をもった三代の学を、自分の生きた時代の思想へと展開していく。

また小楠における「天」の観念も、月

や太陽といった天文学の「天」ではなく、そこに、ある普遍的な精神の表現を見てとったものと言えるだろう。

第三部「明治の横井小楠」には、明治政府に仕えた最晩年の小楠に関わる論文を収めた。明治政府に請われて参与になる以前の小楠の思想の展開はたいへん重要である。この時期の井上毅との対話は「沼山対話」に記されているが、この思想をもったまま政府に仕えていたら、非常に役に立ったことであろう。また元田永孚との対話（「沼山閑話」）においては、生産関係を儒教によって位置づけるなど、さらに思想的に熟してきており、「天言」と呼ばれるものも書き始めていた。それを書き進めていれば、それなりの思想家として名を残すことになったであろう。残念ながら西南戦争で西郷隆盛がやってきたときに遺族が井戸に捨ててしまったとされ、その内容は明らかになっていない。

▲横井小楠
（1809-1869）

小楠は、体調のすぐれない中、明治政府に招かれて、参与という役職に身を投じた。小楠が明治政府に仕えることになったのは、岩倉具視が高く評価したためであったが、岩倉も小楠の思想を本当に充分に理解できてはいなかった。また小楠の暗殺事件ののち、その解決のために力を尽くした大久保利通は、明治政府が新しい近代的な政治を行う際に、小楠が活躍することを期待していたので、それが充分できなかったことに不満をもっていた。こうした状況であったとはいえ、「武家の政治」から「公共の政治」へつなぐ要にあった思想を、この時期の小楠の動向から掬い上げたいと考えたのが、ここに収めた論考である。

補論には、二〇〇三年の全国横井小楠研究会での報告の記録「私の小楠研究の歩みを振りかえって」と、私が小楠について書いた初めての論文「横井小楠の実学――幕末思想史の一断面」（一九五五年）を収めた。

前者は一〇年前のものであり、この報告以後に発表した小楠についての論文への言及がないため、本人としてはいささか中途半端な嫌いはあるが、横井小楠との出会い、研究歴、そして残された課題について簡潔にまとめたものとして読者の参考になるかと思い、収録することとした。

後者の「横井小楠の実学」は、小楠について初めて論じただけに、現在から見ると遺漏も多く、もはや学術的な価値のある論考とは言いがたいものであるが、本書と対にして刊行される花立三郎氏の『横井小楠の弟子たち』が生まれるきっかけとなったものでもあり、また以後の私の研究の方向性の萌芽を示すものとして、これからの学徒の参考になるかもしれぬという考えから敢えて収録することとした。

小楠との出会い

私は西本願寺派の末寺に生まれ、母から「国を光らすような人になりなさい」という教えを受け（私の生まれた寺の山号を永照山光国寺という）、仏教の唯識派の学問を志した父からは、男性にとって「名誉心」は大きな誘惑になるから、その誘惑に負けるなという教えを受けた。小学校二年の時に村田という先生から、徹底的に自分の力で考えなさいと教えられ、四年には東洋一の偉人として横井小楠という人がいることを教えられた。これらのことが、私が横井小楠に関心を抱く基層となったに違いない。

京都大学を終えた後、高坂正顕先生の研究会での報告論文として小楠について書き、それを、当時、京都大学の教授をしておられた三宅剛一先生が『哲学研究』に掲載して下さった。またそれをご覧になった小島祐馬先生は、私の論文のミスとともに、優れた面を指摘し励まして下さった。こうした自分の経歴を顧みると、小楠と私が浅からぬ縁によって結ばれているという思いが切である。

小楠は『海国図志』を通してジョージ・ワシントンの存在を知り、「国を愛するとともに普遍的な公共的精神を持つ」ことに深く思い至り、それに私も共感した。国を愛する気持ちと、偏狭に陥らない広い心とを、いかに結びつけていくかは非常に重要な課題である。そのために、今日まで五十年にわたる長い時間を、小楠と格闘してきたことは幸いであった。そして、この課題は決して小楠の時代にとどまるものではないと思うに至った。政治について、そして政治と密接に繋がる経済について、普遍的な精神を現実化するためには、やはり公共的な政治思想の形成が大事であり、その点で小楠から学ぶべきことは、今もなお多い。小楠研究者として、人類的な立場で考える小楠の視野の大きさに、これからも学んでいきたいと念じている。

花立三郎さんのこと

花立三郎さんと、「横井小楠」についての本を出そうと約束したのは、半世紀以上前にさかのぼる。今、ようやくその約束を果たすにあたって、その半世紀の花立さんとの親交を振り返っておきたい。

花立さんとの出会いは、戦後まもなくのことだった。

横井小楠に取り組んだのは、私の方が早かったのではないかと思う。私が小楠について最初に書いた「横井小楠の実学――幕末思想史の一断面」（『哲学研究』一九五五年）の抜刷を花立さんが読んでくれて、ずいぶん刺激を受けられたご様子だった。自分でも小楠の研究をする手がかりを得たという感想をお聞きして、「私（源）が小楠を書くから、あなたは小楠の弟子を書いたらどうでしょう」と勧め、二人は同意した。山崎正董編集の『横井小楠　遺稿篇』を精密に読んでいくのは大変な難業であり、全ての弟子を網羅して書くのは無理だから、花立さんは熊本出身・在住の弟子を中心とすることにして、どんどん研究を進めてゆかれた。これまでに大江義塾や徳富蘇峰、また元田永孚についての研究の成果などをすでに発表してこられた。

また花立さんはたいへん誠実で実直なお人柄であり、研究会を主宰して自分の周囲にいる若い研究者をよく励まされた。その学恩を受けた研究者たちが、いま活躍しているのは私にとっても喜ばしい限りである。

半世紀のあいだ忘れることのなかった私たちの約束の基本にあったのは、横井小楠という普遍的な思想家の魅力であった。その魅力を文字にして論文にするのは簡単なことではないが、花立さんと私と、それぞれのやり方でそれを半世紀以上書き続けてきた。

そして何よりも、お互いに相手との約束を守りたいという誠実な友情こそが、この約束を支えたのだと思う。

その二つが重なって、このたび二冊の本がついに生まれることになった。二〇〇七年に花立さんが世を去られたことが実に心残りであるが、自分の命のあるうちにこうして約束を果たすことができたのを、心より嬉しく思う。（構成・編集部）

＊みなもと・りょうえん　一九二〇年熊本県生。東北大学名誉教授。日本学士院会員。専門は日本思想史。著書に『義理と人情』『徳川思想小史』（中央公論社）『近世初期実学思想の研究』『型』『型と日本文化』（創文社）『実学思想の系譜』（講談社学術文庫）など多数。

不知火が生んだ不世出の詩人・作家、石牟礼道子を一〇六人が浮き彫りにする

花を奉る

石牟礼道子

全集完結に寄せて

何かただならぬ気迫をたたえて、青年はほっそりと立っていた。それがどこであったのか思い出せない。

思い出せないけれども、彼の中にある純度の高い意志は炎立っていて、確実にわたしの中にも引火した。かつてのその青年、藤原良雄さんのおかげで、思いもかけず、ずっしりと重い全集が出来上った。片手で抱えてみて、あまりの重さに躰がかたむく。決してオーバーに言っているのではない。

実は、四年前の七月、この仕事部屋の入り口で転んでしまい、腰の骨と大腿骨を折ってしまった。あれが気絶というものなのか、床に倒れたとたんに記憶がなくなって、丸々三ヶ月どうやって現世にもどってきたのかを思い出せない。さらに途中の日々をどうやって暮らしていたのかさえも思い出せないのは不思議でならない。

戻って来たのは、毎日毎夜聴かされていた幻楽始終奏なる低い弦の音色のおかげであった。その音色が聴こえはじめると、わたしはうっとりとなり美の仙境に連れてゆかれていた。地上と天上をつないで往き来する妙音といってよかった。あの世に往っていたのだったら戻り道を忘れていただろう。わたしの腕も指も聴覚も幻奏に加わっていた。ゆかりのあった人々すべてに、奥深い弦のふるえを伝えたかった。この時程、かの音色を採譜したいという願望に胸絞られたことはなかった。

ともすれば魂が行方不明になる著者を現実に引き戻し綿密な解説をお書き頂いた方々に心よりお礼を申し上げます。

編集の皆様、読者の皆様、ありがとうございます。

全巻志村ふくみ様の装丁によってこの書が生まれたことはなんと幸福なことでしょう。

主治医の山本淑子先生がいらっしゃらなければこの仕事はできませんでした。感謝の気持ちでいっぱいでございます。

魂だけになって――イベント
「石牟礼道子の世界」に寄せたメッセージ

▲石牟礼道子氏

みなさま、こんばんは。よくいらしてくださいました。

熱心にご準備して下さいました藤原書店の方々に、まず深くお礼を申し上げます。

私も、今度こそ出かけて、お礼を申し上げようと思っておりましたけれども、身体が思うにまかせず、この度も欠席をよぎなくされてしまいました。

どのように運命づけられていたのか。私の書くという仕事の最初の出合いが、こともあろうに水俣の問題でした。書き始めて四十年もかかりましたのは、職業作家としては世紀末的な職業の選び方だったと思います。

水俣病との出合いは、そもそもまず東京に行って、かんじん（非人）になろうという願望を持っていたからだと思います。実際、患者さんのお供をして、真冬の、東京チッソ本社前で、コンクリートの、道の上に寝て、こごえ死にしそうになったり、ふつうでない出発をしたのは、七〇年代前後の東京であったりして、乞食になるにはいい機会だったと思うのですが、その、日々のことを、あと一編の小説に書き残しておくつもりでございます。

言うまでもなく、二十一世紀という近代の、末期の様子を、この国の首都から、現代の水俣まで見ていなければならないのではないかと思うからでございます。

これは相当変わっているなと自分でも思います。

これが私の本質かもしれませんが、魂がいつもあるべきところにおらずに、抜け出すくせが身についていて、気がついたときは、見知らぬところにいる自分を発見することがしばしばでございます。

今日は、みなさま方のお導きで、この場所に無事に着くことができました。

身体は今、九州におりますけれども、魂はみなさまのところに行きついているかと思います。

お読み下さった方々は気がつかれていると思いますが、変な書きぐせをもっておりまして、書きます内容が子供の時代におぼえた「かぞえ歌」めいてしまうのはいなめません。わかりづらいと思います。たとえば、お手玉唄にありますように、

　一かけ二かけて三かけて　四かけて

五かけて橋をかけ
橋のらんかん腰を掛け　はるか向こうをながむれば
一七、八の姉さんが　花と線香を手に持って
姉さん姉さんどこゆくの　私は九州鹿児島の
西郷隆盛娘です　明治十年三月に
切腹なされし父上の　お墓参りにまいります
お墓の前で手を合わせ　なむあみだぶつと拝みます

と唄っていた、幼いときのかぞえ唄になってしまう。

　世の中には心やさしい方々がいらっしゃって、こういう奇態な文章を意味づけてくださる方々もいて下さいます。おかげさまで何とか路頭に迷わず、生きてこれました。

　水俣病のこと、どのような成り行きになりますことやら。

　福島のことをまず考え合わせ、これから先の世の中には、未来はないように思われます。

　私などが、ぐずぐずと、全集などを書きあぐねている間に、世界史は、とんでもない方向に向かって、動きはじめたようでございます。

　このことは水俣という一地方の問題だけではなくて、人間の行く末をどう読めばよいか、私どもの地方では、いみじくも奇病と呼ばれて、最初の姿を現わしたように、病状の苛酷さから、患者さんたちは、希望のもてない一日をやっとやりすごしておられます。ある人たちは、親も子も亡くなられて、孫の世代が十代、それも毎日、容赦なく病状が深くなるという日常を生き延びているのが不思議です。

　何よりもその日、その日の想いを、一口も人に伝えることができません。たとえば、好きな人ができても、「あなたを好き」と言えない。苦しいということも、言えません。うれしいということも、言えません。

　どうか皆さん、胸のうちを語れないということが、どんなにさびしいか、つらいか、考えてみて下さい。朝起きて、ねるまで、たった一日でも。一時間でも。水俣病になったと念ってみて下さい。

　かわってみて下さい。そんな病人を助けて、一日暮らすことが、お互いにできるでしょうか。

　私自身、とてもできそうにありません。水俣のことも、考えていただくということは、人間の行く末を考えることです。

　第一、働けません。お前は、家の中で

も、外でも、邪魔だから、どこかへ行け、と言われるかもしれません。言われなくとも、どこかへ行ってしまいたい。病人たちは、毎日毎日、思うのです。どこかに行ってしまおうにも、自分ではできません。そんなつらい日々のことを、思ってみて下さい。

　私たちは、肉親たちからさえ、人間じゃなか姿や声をしとると言われますので、今日は魂だけになって、この会場にうかがいました。小さな虫になったり、やぶくらに咲いている草の花になったりして、おそばにこさせていただきました。

　今、お互いに目が合いました。見つめあっています。おこころもちをいただいて、間もなく帰ります。

　つい、患者さんたちのおこころもちを申し上げてしまいました。

　いつも気持は、あの人たちといっしょにいるものですから、気分がうつってしまいました。

　私たちに、何ができるでしょうか。

　念って下さるだけでも、どんなにありがたいことでしょうか。

　今日は、この会場に来て下さって、恐縮でございます。

　心からお礼を申し上げます。

　志村ふくみさまには、年に数日しか現われない不知火のさざ波を、全集のために織り出して下さいました。永久に保存して、大切にいたします。

二〇一三年二月八日

＊いしむれ・みちこ　一九二七年、熊本県天草郡に生まれる。詩人・作家。『苦海浄土――わが水俣病』に第一回大宅壮一賞を与えられたが受賞辞退。一九七三年マグサイサイ賞。一九八六年西日本文化賞。一九九三年『十六夜橋』で紫式部文学賞。二〇〇一年度朝日賞。『はにかみの国　石牟礼道子全詩集』で二〇〇二年度芸術選奨文部科学大臣賞受賞。二〇一三年三月、『石牟礼道子全集　不知火』（全一七巻・別巻一）本巻が完結。

たった一人でシルクロードを踏破した男。“歩くこと”の力とは。

ロング・マルシュ　長く歩く

——アナトリア横断——

ベルナール・オリヴィエ

イスタンブルから西安まで

『ロング・マルシュ』〔「長い歩き」の意〕本書が物語る徒歩旅行は、ありふれているとはいえないが、前例がないわけではない。二人の日本人が、私より先に、東から西へと、私とは反対の進路をとって歩きとおしているからである。[*1] この本は、「長い人生《ロング・ウィ》」のなかの大事な段階を綴ったもので、自分にとって、それまでの道程の締めくくりともなった。それが日本の読者にも読んでもらえるようになったのは嬉しいことである。ただ、読者が私とともに道を歩き始めるまえに、どういう経緯で私が旅立つことになったかを話しておきたい。

私は、歩くことがどれほどの力を発揮するものかを発見するのに、六十年かかった。マルコ・ポーロが馬の背に揺られてトルコのイスタンブルから中国の西安まで辿った道を歩くのに、四年かかった。そして、すべては悲劇に始まり、お伽噺《とぎばなし》に終ったのだ。

仕事までも失おうとしていた

退職の時が迫り、私は生きる意欲をなくしていた。十年前の妻の死で開いた傷が、ふさがらないままだった。仕事に打ち込むことでしのいでいたが、いま、その仕事までが私を見捨てようとしていた。子供たちは家を出て、自分たちの人生を生きようとしていた。残酷な皮肉といおうか、身内の者たちは私が喜ぶと信じて、退職の記念に犬一匹とロッキングチェアを贈ってくれた。人生の道のりの終りを告げるふたつの象徴である。彼らの考えでは、私は揺り椅子にゆらゆら揺られながら、犬を撫で、テレビを見ていればよかったのである。あとは釣竿があれば言うことなしだった。人生は終った、残されたのは大いなる旅立ちまでの日数《ひかず》を数えることだけだった。

日本への旅のために、ジャーナリストとしての私の職業生活の結末は、二週間延期された。その四年前、私はアメリカで開かれたパラリンピック大会の取材をしていた。その縁で、ある新聞が長野の大会の現地取材をもちかけてきたのだ。その機会を利用して、列車に乗り、慌しくはあったが、すばらしい旅行をした。車窓から雪を戴いた富士山の堂々たる姿に見とれた。広島では、体を蝕む病魔を払いのけようと千羽鶴を折る少女の話に心を揺さぶられた。

フランスの作家フランソワ・モーリアックは、私を待ちかまえていたものを、ユーモアをこめて、おおよそこんなふうに言っている。「引退、それはすばらしい。ただひとつ具合が悪いのは、それが必ず不幸に終ることだ」。ところが、それが終りもしないうちに、私の心には果てしのない虚無感が広がっていた。なにをやろうという気もなく、希望も持てないまま、退職を数カ月後に控えたある朝、自殺がこんな苦しみを解決してくれるのではないかという考えが浮んだ。しかし、その企てを決行することはできなかった。

歩くことの治癒力

そんな状態のとき、座して待つより、なにかしたほうがいいと思い、逃げ出すことに決めた。日本から帰国して六日後、

▲ベルナール・オリヴィエ（1938-　）

1938年、ノルマンディーのマンシュ県の小村ガテモに生まれる。父は石工、7人の子供を抱える貧しい家だった。16歳で学業を離れ、建設労働者として働きはじめる。その後、さまざまな職を転々とする（港湾労働者、レストランのギャルソン、セールスマン、自動車修理工ほか）。その間、18歳のとき結核で一年間の入院生活。退院後、スポーツで健康を回復、20歳から働きながら通信教育を受け、26歳でバカロレアを取得。ついでジャーナリスト養成所の免状を得て、以後15年間を政治記者、次の15年間を経済・社会記者として、ACP（通信社）、『パリ・マッチ』誌、『コンバ』紙、第一チャンネル（テレビ）、『フィガロ』紙、『ル・マタン』紙などで働いた。50歳頃からテレビの脚本も何本か書いている。

45歳でそれまで毎日二箱吸っていた煙草をやめ、マラソンに取り組み、仕事のかたわら、ニューヨーク・マラソンをはじめ20回ほどマラソン大会に出場。

51歳のときの妻の死に加え、60歳での定年で前途の希望を失い、ひどく落ち込んだが、サンティアゴ・デ・コンポステラの巡礼の道を歩くことを決意。歴史的な道を歩くことの喜びを発見し、翌年には壮大なシルクロードの徒歩旅行に旅立った。その旅が『ロング・マルシュ』という本に結実。

以後も精力的に著作を続けるとともに、歩くことによって非行に走った若者たちを立ち直らせる活動に取り組む。この活動のため「スイユ」という組織を創設、『ロング・マルシュ』の印税をその運営費に充てる。

著書に、『ロング・マルシュ Ⅰ　アナトリア横断』（本書、2000）『ロング・マルシュ Ⅱ　サマルカンドへ』（2001）『ロング・マルシュ Ⅲ　ステップの風』（2003）『どん底物語』（短編小説集、2001）『マッチと爆弾』（大都市郊外の若者たちの惨状を論ずる。2007）『人生は六十歳から』（2008）『ロワール河の冒険』（2009）『世界を手玉にとったローザの物語』（長編小説、2013）ほか（出版社はすべてフェビュス社）。

リュックサックに荷物を詰め、ごつい靴をはいて、サンティアゴ・デ・コンポステラ〔スペイン北西部にあるキリスト教の聖地〕への道に旅立った。千年の歴史をもつ巡礼の道だが、そこを歩くのは私のように神を信じられない者からすれば辻褄が合わないような気もした。だが、そんなことより、私はヨーロッパ史にとってきわめて重要な意味をもつこの道の歴史に興味があったのだ。そのころまだ住んでいたパリから二千三百キロを三カ月かけて、道連れもなく、電話も持たず、たったひとり、自分と向き合いながら歩きとおさねばならなかった。その目的はただひとつ、道を歩きながら生き続けるべき理由を見つけることだった。

一九九八年の四月六日から七月三日のあいだに、私は歩くことの治癒力を発見した。それは鎮痛剤や抗鬱剤よりもはるかに効き目がある。妻の死後、私はスポーツをまったくやめてしまい、いささか錆びついていたから、当然ながら足やあちこちの筋肉に痛みが現れたが、徒歩旅行を始めて三週間たったころには、早くも当初の痛みを克服できた。その後は、将来の計画を練りながら、楽しく歩いた。孤独と自然、出会い、そして快い休息を約束する快い疲労の幸福を見出した。私は若返り、驚きとともに、自分がまだ矍鑠《かく しゃく》としており、自分で思っていたような老いぼれではないことに気づいた。

それは——シルクロード

旅の途中、非行少年が二人、私の先を歩いているという話を耳にした。判事が収監四カ月か歩行四カ月かを選ばせたのだという。なんとすばらしい考えではないか！　歩くことが、絶望した退職者に生きる意欲をよみがえらせたなら、人生の出発につまずいた若者たちにも希望をもたらすはずだ。こういうわけで、夢のような道を歩き、新しい素敵な友をどっさりこしらえてコンポステラに辿り着いた私は、ふたつの決心をした。

——**決心その一**は、若者たちが自由をめざして歩く手助けをすることで、貧しく教育もない家庭に生まれた私が、市民となり、ジャーナリストとなり、満ち足りた家庭の父親となるのを助けてくれた社会や人々に恩返しをしよう。

——**決心その二**、私は歩き続けねばならない。だが、どこを？　巡礼の道は豊かな歴史をもっているが、それをまた歩く気はなかった。先人たちが何世紀にもわたって辿り続け、そこに確かな痕跡を刻みつけてきた道を歩くしかない。

それがシルクロードと決まるのに時間

はかからなかった。とてつもなく長い道である。ちょうどよかったのだ、いまや私は「それが不幸に終る」までたっぷり時間があったのだから。

歩く人類というもの

十カ月後、ヴェネツィアまで列車で行き、通りがけに偉大なマルコ・ポーロに挨拶をしておいた。つぎはイスタンブルまで船に乗り、早朝のフェリーでボスポラス海峡を渡った。ヨーロッパを離れ、アジアの地に足を踏み入れたわけである。その年の目的地に着くまでには五百万歩ほど歩かねばならなかった……もし辿り着ければの話だが。フェリーを降りたとき、この企てが成功裡に終るとは思えなかったのである。だが、私の心は落ち着いていた。もちろん危険はあるだろうが、その一年前、死に逃げ込むことを考えるうちに、私はいわば死を手なずけていたからだ。それに、リュックサックの口を締める前に、遺書を書いておいた。人生のまるまる四年かかりきりになったこの冒険は、美しく、驚異に満ちた風狂であった。私はやり遂げ、その旅を三巻の本で物語った。本書はその第一巻である。本は「スイユ」*2〔「入口」の意〕という組織を設立するのに十分な資金をもたらしてくれた。

機械文明のために、われわれは歩く人類というものを忘れ去ってしまった。歩いて辿る小道は生命の道だ。それは比類のない錬金術によって、暑さ、雨、風、寒さのような試練を乗り越えさせてしまい、ほんとうに生きるという純粋な幸福に変えてくれる。

この本で、私はそのことをわかってもらえるよう努めた。

内藤伸夫・渡辺純訳

＊1　大村一朗氏が一九九六年に、中山嘉太郎氏が二〇〇一年にシルクロードを自らの足で踏破した。

＊2　二〇〇〇年に設立された「スイユ」は、非行に走った未成年者が「長く歩くこと(ロング・マルシュ)」を通して立ち直るのを手助けしようとする組織である。少年または少女は一人ずつ、男性または女性の付添人一人とともに、言葉を知らない外国へ三カ月の旅に出る。リュックサックを背に自然歩道や田舎道を二千キロ歩きとおす。キャンプをし、買物をし、炊事をする。そして、歩く。こうした旅は、親、判事、ソーシャルワーカーとの合意のもとに行なわれ、条件を満たした十五〜十八歳の青少年にとって、矯正施設の代わりに選べる道、希望をもたらす道となる。詳しくは、インターネットのサイト(フランス語)へ。http://www.assoseuil.org

(Bernard Ollivier／元ジャーナリスト)

リレー連載　今、なぜ後藤新平か　93

「くにたち大学町」の誕生と後藤新平

長内敏之

「くにたち大学町」の源流

新宿からJR中央線で西へ向かって約三〇分ほど、立川駅のひとつ手前の駅が国立駅である。一九二六（大正十五）年四月一日に開業した駅である。この街のシンボルは赤い三角屋根の旧駅舎と駅前にある広いロータリー、銀杏と桜の並木に囲まれ緑豊かでまっすぐ南へ伸びる広い大学通りである。「大学通り」という名前は、一橋大学のキャンパスを貫いているからである。駅前のロータリーを中心にして左右に四五度と三〇度の角度で扇型に広がる旭通りと富士見通りがあり、富士見通りは文字通り富士山を一直線に目指している。

従来この街の設計は田園都市の系譜に入り、「田園調布」と「くにたち大学町」は兄弟のように考えられていた。しかし、越澤明氏の『満州国の首都計画』により「くにたち大学町」は満鉄附属地の長春や奉天に近いものであることを教えられた。そうであれば、「くにたち大学町」の源流は、田園都市のエベネザー・ハワードではなく初代満鉄総裁の後藤新平と技師加藤与之吉となる。その満鉄附属地の計画がどのような経路をたどって谷保《やぼ》村の雑木林地帯へ来たかとの疑問には辻井喬氏の『父の肖像』が参考になった。

一九二三（大正一二）年九月一日に起きた関東大震災によって、神田一ツ橋にあった東京商科大学が瓦礫に化し、谷保村に移転することになった。移転で役割を発揮したのは、佐野善作学長。もう一人は「大学町」を造成した箱根土地株式会社専務取締役・堤康次郎である。この二人が大きな力を発揮して「くにたち大学町」が誕生したというのが今までの通説であった。堤の下で具体的設計にあたったのは箱根土地の社員である中島陟《のぼる》である。しかし、後藤新平が「くにたち大学町」の誕生に強く、陰で関わっていたことはあまり知られてはいない。

『あおぞら――国立の自然と文化』（国立の自然と文化を守る会）の対談で中島陟氏の子息・中島 渉《わたる》氏が、「道路も伯父の堤はあれだけの幅には一度反対して後藤新平に作成した設計図を見せたら、後藤さんは『広い方が良い、その分は売れる商品から取れ』と。（略）そういう風にして、設計図は合格したと聞いています」と証言している。後藤新平と「くにたち大学町」を直接つなげる証言は、現在のところこれだけである。

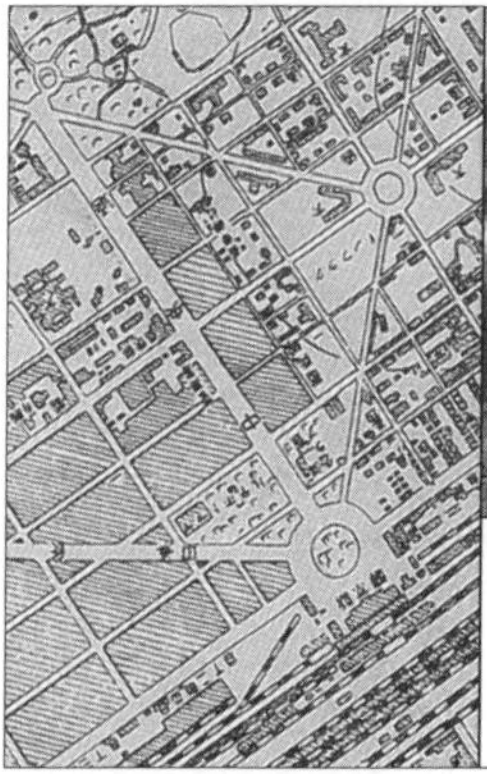

上　昭和２年頃の国立の航空写真
提供：くにたち郷土文化館

左　長春満鉄附属地の地図（1933年）

「大学町」建設に見る後藤新平の影

しかしその目で見れば、いままで知られなかった後藤新平の影が「くにたち大学町」に見ることが出来る。後藤新平は、一九二三（大正一二）年九月内務大臣兼帝都復興院総裁になったが翌年一月には任を解かれた。後藤は意識的に陰にまわり、「大学町」建設に関わったのではないだろうか。表で動いたのは箱根土地の堤康次郎と中島陟。大学側では佐野善作と堀光亀であろう。

「国立市史」では、後藤新平と関係の深い人物が見え隠れする。後藤新平とも佐野学長とも堤康次郎とも関係が深かった藤田謙一。土地買収に、村の側から協力した西野寛司村長。軽井沢通俗大学の野澤源次郎。兼松講堂を設計した伊東忠太。如水会館の設計をした中條精一郎など。台湾、満鉄、「都市研究会」、中條政恒との関係からの米沢人脈などである。

最後に、なぜ「大学町」なのか、考察したい。この時代は、日本は銃を持って大陸へ進出、国内では、治安維持法を改悪し戦争の準備を整えつつあった。後藤と佐野は、避けることのできない戦争の時代を目前にして、欧州ではドイツのゲッチンゲンとイギリスのケンブリッジは互に爆撃しないとの協定があったことにならって「大学町」に希望を託し、理性と知性、学問と若い命を守ろうとした意図があったのではないか。これは私のロマンチックな推論である。

（おさない・としゆき／国立市議会議員）

Le Monde

■連載・『ル・モンド』紙から世界を読む　123

存続を問われる王制

加藤晴久

四月三〇日、オランダで、一二三年ぶりに男性の国王が即位した。オラニエ＝ナッサウ家七代目ウィレム＝アレキサンダー（四七歳）である。

一月二八日に退位と長男への譲位の意思を表明したベアトリックス女王の三三年間に及ぶ治世の最後の一〇年間は、極右政党党首ピム・フォールチュイン（二〇〇二年）とイスラム原理主義批判の言論を展開した映像作家テオ・ファン＝ゴッホ（二〇〇四年）の暗殺事件、小党乱立と左右両極政党の台頭、その結果としての度重なる政権交代、移民問題とイスラム教関係の問題、反EU感情の高まりなど不安定化要因を抱え込んだ。

若い頃はビール好き、パーティ好きのため「プリンス・ピルス」《Prince Pils》とあだ名されていた王太子は剛直で権威的な母親のもと影が薄い存在だったが、母親の強い反対を押し切って、アルゼンチンの「平民」で、しかもカトリック教徒であるマキシマ・ソレギエタと結婚した。女王が反対したもう一つの理由はマキシマの父親が、一九七六年にクーデタで政権を握った独裁者ホルヘ・ビデラ将軍のもとで農林大臣を務めた人物であること。父親は娘の結婚式（二〇〇二年）ばかりか、今回の戴冠式にも招待されなかった。しかし、金髪でグラマー、にこやかで親しみやすい、しかも完璧なオランダ語を話す王太子妃はオラニエ＝ナッサウ家の切り札になり、夫のイメージアップに貢献した。

ベアトリックス女王は組閣に介入するなど政治的役割を果たすことに積極的だったが、いまや象徴国王制というのが世論の大勢。「象徴としての役割は王位と不可分なもの、しかし内容をともなわない王位というものは想像できない」と新国王はかつて述べたという。だが、へたに政治に口を出すと、すでに不安定な国情、困った事態になりかねない。世論は王制の存続に賛成している。しかし、二つの議院の総議員三分の二以上が賛成すれば廃止できることになっている。

『ル・モンド』の記事「異議を唱えられる継承者」（五月二日付）と「栄光の退場」（四月三〇日付）を紹介した。

（かとう・はるひさ／東京大学名誉教授）

リレー連載　いま「アジア」を観る　125

日本は文明の新しい創造者に

東郷和彦

アジアに今大きな変化が起きている。中国の台頭である。

　中国は、阿片戦争から中華人民共和国成立までの屈辱の一世紀を終えて、毛沢東時代から鄧小平時代をへて、冷戦の終了以降、世界の超大国へと着々と成長してきた。

　経済（八〇年代から）、政治（九〇年代から）、軍事（二〇〇〇年代から）と発展を続け、一〇年代では文化における新中華をめざす中国の動きは不可避となり、いずれアメリカを超える超大国の位置を得るかどうかの時代が来るであろう。

　その中国の世界史的発展の姿が、昨年、尖閣諸島問題をめぐって赤裸々な形で現れた。中国の本質が、十九世紀帝国主義への回帰であることが明らかとなったのである。

　尖閣諸島が自国の領土であり、崩壊しつつある清から日本帝国が奪ったものであり、そういう日本外交の在り方はけしからないと主張することは、すべて中国の主権的権利である。

　けれども、一つだけ、二十一世紀の超大国として、中国が絶対にしてはいけないことがある。国際社会の「現状」を、武力をもって変更しようとすることである。

「尖閣領有を根拠づけるために、実効支配の実績を積み重ねる」と公に宣明し（二〇〇八年一二月）、「領海への侵入」をくりかえし、その方針を尖閣白書（二〇一二年九月）に明記している中国のやりかたは、「武力の行使と武力による威嚇」を禁ずる国連憲章第二条四項の違反に限りなく近いように思われる。

　少なくとも、日中平和友好条約で自ら禁じた「覇権主義」そのもののように見える。

　だが、中国の十九世紀帝国主義への回帰によって生ずる、実体的・文化的空白を誰が埋めるのか。私は、これこそ、天が日本に開いた機会の窓であると思う。今こそ日本は、平成の漂流を吹き飛ばし、中華の世界を超えた文明の新しい創造者となる千載一遇の機会に直面しているのである。

（とうごう・かずひこ／京都産業大学法学部教授）

連載　女性雑誌を読む　62

『女の世界』（一六）

尾形明子

一九一六（大正五）年九月号の巻頭グラビアに「第二期の『新らしい女』」と題して、山田邦子　加藤みどり　小野美智子　素木《しらき》しづ　久保田富江　生田花世　岡田幸子　遠藤琴子　三宅安子の九人の顔写真が載る。本文では同じ題名で〈花葉生〉が、『青鞜』から『ビアトリス』までの歴史と女性作家を辿っている。『青鞜』を中心とした「第一期新らしい女」が、恋愛やスキャンダルで四散した後、「拠り所のなくなつた若い女は、其後散り散りばらばらに方面を異にして頭を出しかけて居る」として、彼女たちを「第二期新らしい女」とした。

和歌では歌集『涙痕』を出した原阿佐緒、『かろきねたみ』の岡本かの子、『無花果《いちじく》』の若山喜志子、『女の世界』の選者で、『片々』の山田（今井）邦子、『ふるえる花』の遠藤（原田）琴子、杉浦翠《すい》子《こ》をあげる。彼女たちは単なる歌人ではなく「新らしい歌を作る新らしい女」であり「未来の婦人界を刺激する思想」と「詩の力」を所有していると高く評価する。

小説では森田草平門下の素木しづ、新《しん》免《めん》さかゑ、村岡たまをあげ、特に「松葉杖をつく女」「三十三の死」を書いた素木を「天才」と認める。五明《ごめい》倭文《しず》、吉屋信子、久保田富江、小野美智子、尾崎紅葉の娘で徳田秋声門下の荒木三千代、夏目漱石門下の三宅安子（やす子）の名もあがる。

評論家としては宮島麗子《うらこ》、山田わか、斎賀琴子、生田花世、青山菊枝、神近市子をあげて「今後新らしい女の中心を形成するのは此等の評論界の人々であろう」と予言する。さらに創刊されたばかりの『ビアトリス』と会員を紹介しているが、この時代の女性作家の動きがかなり公平に正確に記されている。

しかも「平塚雷鳥《ひらつからいてう》は自分よりも年少の愛人画家奥村博君と共同生活を初めて、年少の男性愛人の異称『若い燕』の新語を作り、岩野清子は良人泡鳴氏に棄てられ、扶助料の請求から裁判沙汰を惹起して、新らしい女案外新らしからざるを明かにし」等のゴシップも満載である。『女の世界』たる所以だろう。筆名〈花葉生〉が誰なのかまだわからない。

（おがた・あきこ／近代日本文学研究家）

■連載・生きる言葉　72

慶喜右往左往

粕谷一希

徳川慶喜という存在はどうもなじめない。二度の長州征伐に失敗し、鳥羽伏見の戦いに居眠りをし、大坂城に数万の将兵を残して舟で江戸に逃げ帰る。山内容堂の〝大政奉還〟という発想と言葉も結構だが、実態はちがったものだったのではないか。

NHKの大河ドラマ「八重の桜」でも、慶喜を書こうとしてあまりのだらしなさに呆れ果て〝慶喜右往左往〟という表現になったのではないか。先月号の「小栗上野介」でもわかったことは、勘定奉行を勧めた「小栗上野介」の方が勝海舟より余程正統派であり、箱根に拠って薩長軍を食いとめることも、本当に出来たかもしれない。

勘定奉行と京都守護職は共に幕府の中枢だったのである。その二人を、逃げ帰った慶喜は〝登場に及ばず〟と追い返した。職を失った小栗上野介は官軍に捕まって斬首されたという。変って浮かび上った勝海舟は面白い人物であったが、幕府への忠誠心はなかった。西郷に大坂で会って「幕府はもうだめだ」と告発して「それなら西南雄藩の連合しかない」というヒントを与えたのも勝だという。

＊　＊　＊

自民党の安倍内閣は、久しぶりに保守政党としてのリーダーシップを発揮している。日銀の独立制はどうなったのか心配だが、当面、デフレ不況からの脱却を目指したリーダーシップは成功している。将来のことはまだわからないが、デモクラシーでも大切なことは〝リーダーシップ〟（決断）であることは明白になった。〝大衆迎合主義《ポピュリズム》〟は許されないが、決断しない政治が如何に長かったことか。

しかし、決断のなさよりこわいのは、〝孤立化〟することである。松岡洋右の国際連盟脱退は最悪である。日本は国際社会から孤立化したとき、すでに負けていたのである。

その意味でTPPに参加したことはよかった。日本農政の固有性は、いつまでももつとは思えない。国際世論は頼りないが、テロ国家も覇権国家も最終的に国際世論に勝てない。

（かすや・かずき／評論家）

連載　ちょっとひと休み　3

披露宴いろいろ（二）

山崎陽子

新郎が、若い医師だったので、新郎側の招待客は、殆どお医者という披露宴があった。司会も親友の医師だったが、教授連の並んだメインテーブルを見て、すっかりあがってしまった。使いなれない敬語で、つっかえたり噛んだり、それでも何とかケーキカットのシーンに辿り着いたが、ハイライトである場面に、彼の緊張と興奮は最高潮、「お二人の最初の共同作業、ケーキ入刀でございます」というべきところを、あろうことか「ケーキ執刀でございます」と高らかに叫んだのである。友人たちの席から「バカ！　手術じゃないぞ。入刀だよ！」と声がかかり、爆笑となった。

「新婦を妊婦って言ったヤツもいるから、それよりマシさ」などと慰められていたが、司会者は、しょんぼりうなだれていた。

　プロの司会者でも、何かの弾みで大間違いをしでかすこともある。新郎新婦の門出を祝って乾杯！という大切な場面で、司会者は「では、ご両家のいやさか（弥栄）を祈って○○様に乾杯のご発声を……」と言うつもりが、「ご両家のいさかい（諍い）を祈って……」と言ってしまい、さすがに会場が静まったという。

三浦朱門氏が親友の遠藤周作氏のご子息の仲人をされた時のこと。新婦紹介のくだりで、出身は聖心女子大と言いかけて、奥様の曽野綾子さんも同窓であることから「聖心出身の人は一を聞いて一を知る人ばかり……」と軽いジョークを入れたが、新婦の母も聖心と書いてあるのを見て、少しあとに紹介した方が無難だと思い先に進んだら、とばしたままで終わってしまった。新郎の父が仲人の席にやってきて「お前、ようも嫁の家を父子家庭にしてくれたな」と目をむき「爪に火をともすようにして、やっと費用をためた披露宴なのに……」と、大袈裟にかきくどいたという。「そういえば、あれから一度も仲人の依頼がこなくなりました」と三浦氏。（やまざき・ようこ／童話作家）

連載 帰林閑話 222

ウソ八百

一海知義

ウソ八百の八百とは、何か。

辞書によれば、物事の多いことをいい、浄瑠璃「夕霧」に見えるとのこと。古くから使われて来た言葉なのだろう。

江戸八百八町の八百八も、町数の多いことをいう。実際の数はどの位だったのだろうか。

近所に八百屋がある。この八百はどうか、これも数の多いことをいうらしい。色々なものを売っているので、八百屋という。八百は、「多数」の代名詞である。

八百長はどうか。これは八百屋の長兵衛さんにからまる話のようで、これも辞書によれば、明治初年、通称八百八長という八百屋が、相撲の年寄某と碁の手合わせで、常に一勝一敗になるようにあしらっていたことに起こるそうだ。

相撲などの競技で、前もって勝ち負けの約束をしておき、うわべだけのなれあい試合をおこなうこと。「八百長」（なれあい）という言葉は、競技以外の場合でも使われている。

また数字の八は、同じく数字の七と組み合わせて、数の多いことを示すのに使われることがある。

七転八倒

七ころび八起き

八という数字は、たとえば、

腹八分目に医者いらず

八は十（満杯）に近いから、「多い」の代名詞に使われるのだろうか。

四苦八苦

四との組み合わせだが、これも多いということと関係する。

八方破れ

四方八方の八方だから、八という数字（方角）を示しているが、これも多い（「あらゆる」に近い）ことだろう。

八十八の場合、

四国八十八箇所

夏も近づく八十八夜

八でさらに多いのは、人間の煩悩《ぼんのう》。

八万四千の煩悩

そしてさいごに、神さま。

八百万《やおよろず》の神々

（いっかい・ともよし／神戸大学名誉教授）

五月新刊

卑弥呼はヤマトの救世主だった！

卑弥呼コード 龍宮神黙示録

海勢頭豊

沖縄の聖域ウタキと日本の聖地との係りから、卑弥呼は沖縄の平和思想を広め、倭国の世直しをした救世主だったことを明かす。平安座島の龍宮神を祀る家に生まれた著者が、島の言葉やしきたりの謎を解いていくドキュメンタリーに、小説「神の子姫子の物語」を織り交ぜ、ヤマトが知らなかった卑弥呼の真実に迫る。

Ａ５判　三七六頁　三〇四五円

「社会企業」の成功には何が必要なのか？

10万人のホームレスに住まいを！

アメリカ「社会企業」の創設者ロザンヌ・ハガティの挑戦

青山 佾　〈対談〉Ｒ・ハガティ

ニューヨークを皮切りに、ホームレスの自立支援を成功させてきたハガティ氏の二〇年間の活動を日本の「貧困問題」「災害復興」の現場で活躍してきた著者が解説、今こそ求められる「社会企業」の役割と、あるべき未来像を実践的に論じる。

Ａ５判　二四八頁　二三一〇円

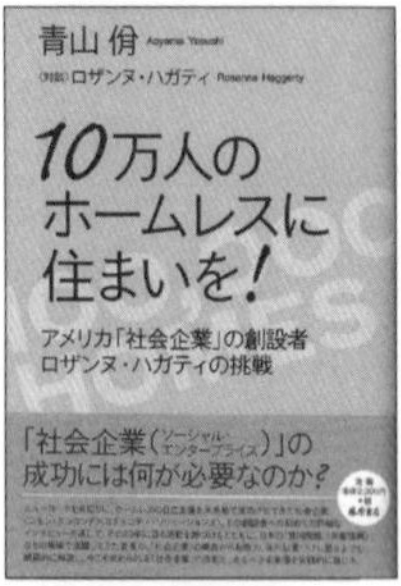

トルコ最高の諷刺作家、珠玉の短篇集を初邦訳！

口で鳥をつかまえる男

アズィズ・ネスィン短篇集

アズイズ・ネスイン

護雅夫＝訳

一九六〇年クーデター前後、言論統制、戒厳令、警察の横暴、官僚主義などが横行するトルコ社会で、シニカルな「笑い」を通じて批判的視点を提示。幾度も逮捕・投獄されながらユーモア作家として国際的名声を築いたネスインの作品一六篇を初邦訳。

四六上製　二三二頁　二七三〇円

薄明の峡に、詩魂を抱いて生きた、天性の俳人

峡（かい）に忍ぶ

秩父の女流俳人、馬場移《い》公《く》子《こ》

中嶋鬼谷＝編著

序＝金子兜太　跋＝黒田杏子

水原秋桜子、石田波郷、桂信子らに高く評価されながら、俳壇の表に出ることを厭い、秩父の「峡」に生きたその七五年の生涯を徹底的に調べ尽くし、句や随筆等の作品を網羅した労作。

口絵四頁

四六上製　三八四頁　三九九〇円

イベント報告

三度目の「伊都子忌」

朴才暎（随筆家）

岡部伊都子は、花を心から愛する人であった。司馬遼太郎氏の「菜の花忌」、鶴見和子氏の「山百合忌」、では伊都子さんは？

となってむしろ決めかね、とうとう「伊都子忌」となった。そうなってみると、まことにふさわしい。

随筆家・岡部伊都子（二〇〇八年没）を偲ぶ「伊都子忌」が、今年も薫風香る四月二八日、かつての住まいだった賀茂川べり、出雲路の「卯庵」で開かれた。沖縄の上勢頭芳徳氏から届けられた月桃の花が会場に生けられ、参列者を迎えた。

藤原書店社長の「岡部さんは姿が美しいだけでなく、生きる姿勢、思想、生き方すべてが美しい人であった」という開会の挨拶からはじまった第一部では、集まった三十数名のゆかりの人々が、一人ひとり岡部さんとの想い出を語り、人柄と仕事を偲んだ。ねえちゃん、おばちゃん、と呼ぶ人あり、先生と呼ぶ人あり、伊っちゃんと語りかける人あり。

第二部は、自己と厳しく対峙し、独特の世界を確立した岡部さんの創作の原点を、「真の美」「差別と美感覚」という二つの作品の朗読で振り返った。つづいて沖縄から来京した海勢頭豊・愛さん父娘のお二人が、沖縄へ熱く心を寄せ、ともに差別と闘った岡部さんのために作曲した「鳥のように」、「喜瀬武原」「琉球讃歌」など、故人が生前に愛した歌六曲を、情感豊かに歌った。

この四月二八日は奇しくも、多くの反対の声がある中で安倍内閣が、東京で第一回「主権回復の日」式典を強行開催した日と重なった。参列者からは、伊都子さんが今生きていたらという声とともに、宗教、イデオロギーなどあらゆることを越え、魂の光を大事にして書き続けた故人が遺してくれた「出会い」の縁を、新たなる力にという声が静かに、しかし力強く上った。

（パク・チェヨン）

イベント報告

多田富雄「こぶし忌」の集い

笠井賢一（能楽プロデューサー・演出家）

　二〇一三年四月二一日、多田富雄先生が亡くなられて三年目の命日に第一回「こぶし忌」の集いが催されました。会場入り口には福島から届けられたこぶし花の大枝が生けられ、一〇〇人を超える人々が参集しました。

「こぶし忌」の名の由来は、多田先生が石牟礼道子さんとの往復書簡『言魂《ことだま》』の第五信に「先週見た辛夷《こぶし》の花は、今日は半ば散ってしまい、春の花火は消え失せようとしています。「花は根に帰る」と古人は言いましたが（…）これが自然の循環でしょう。」と書かれたことにあります。こぶしの花はひとたび根に帰りそして次の花に引き継がれていきます。そんな思いが込められています。

　当日は多田先生と交流の深かった観世流能楽師関根祥六師の能「江口」のお手向の謡から始まりました。第一回の今年は免疫学者多田富雄に焦点をあて、免疫学の師である石坂公成先生のインタビュー「多田富雄君との出会い」のビデオ上映と、教え子の久保允人氏に「師多田富雄」についてお話をして頂きました。お二人のお話で、多田先生の研究の足跡と、その業績のサプレッサーT細胞について、一時はその存在自体が疑問視されたが、今日その名称は違うもののそれに相当するものは確実にあるとされ、コンセプトとして正しさ、その意義が明らかになりました。さらに岩崎敬氏は「都市の脳死と免疫の視点――二つの・一一」と題し、免疫学の視点で、九・一一のテロの問題と三・一一の震災という身近で切実な問題を解析してくれました。

　来年の「こぶし忌」は二〇一四年四月二一日です。明年も、多田先生が様々な分野で提起された問題と成果を再認識し、それぞれが引き受け、継承していく集いとして続けていきます。


（かさい・けんいち）

関根祥六師

久保允人氏

岩崎敬氏

読者の声

竹山道雄と昭和の時代■

▼只今購入したばかりでこれからじっくり読みたいと思います。中身のある大変立派な本であることは間違いありません。

（大阪　李京現　88歳）

華やかな孤独　作家 林芙美子■

▼六五年前に読んだ本をあらためて思い乍ら読んでいます。文学で女が生きてゆく姿が色々と考えさせられます。

（福岡　米倉満子　85歳）

『機』二〇一二年一二月号■

▼いつも『機』をお送り下さりありがとうございます。

『機』二〇一二・一二月号の「出版随想」に「人間には自治の本能がある。この本能を意識して集団として自治生活を開始するのが文明人の自治である」（後藤新平）と書かれていますが、この「自治の本能」とは何か。僕にいわせれば自己尊厳の自覚に他ならない。つまり一人一人の人格の尊厳性が「国政の上に実現されれば、これが真の民意代表の実際の政治」となると思う。自民党党首であり、総理大臣である安倍晋三は国を守るために憲法九条を改正して自衛隊を国防軍にするとか経済発展のために原発再稼働やむなしとか主張しているが、個々の人間の尊厳性など日本の国家、日本の社会のためには犠牲もやむなしという発想である。これに対して断固として「いやだ!!」という意志表示しているのが後藤新平のいう「自治の本能」であると「出版随想」を読みながら思った次第です。

貴書店益々の御発展《かっやく》をおいのり致します。

（東京　書店店主　栄田浩己）

※みなさまのご感想・お便りをお待ちしています。お気軽に小社「読者の声」係まで、お送り下さい。掲載の方には粗品を進呈いたします。

書評日誌（四・二一〜五・一〇）

〔書〕書評　〔紹〕紹介　〔記〕関連記事　〔TV〕紹介、インタビュー

四・二一　〔書〕上毛新聞「岡本太郎の仮面」（「本の森」）／「大衆性求めた芸術の極点」

四・二六　〔書〕熊本日日新聞「竹山道雄と昭和の時代」（「読書」）／「精神の自由掲げ左右と闘う」／小野寺龍太

〔書〕日本経済新聞「ユーロ危機」（「この一冊」）／「長期の視点で複合的要因とらえる」／岡崎哲二

四・三〇　〔紹〕東京新聞（夕刊）「京都環境学」（「自著を語る」）／「原発事故　神仏はどう語る」／原剛

五・三　〔書〕週刊読書人「岡本太郎の仮面」（「人々を巻き込む〈仮面の運動〉」）／「岡本の作品に新たな解釈を加えようとする意欲作」／楠木亜紀

五・四　〔書〕図書新聞『画家』の誕生」（「文学」）／「文学と美術の葛藤、『ペンと絵筆』の戦い」／「社会学を援用し、旧来の美術史の方法論に一石を投じる結果にもなった」／山本敦子

五・四〜一九　〔書〕共同配信「竹山道雄と昭和の時代」（「時流に抗した自由人」）／芳賀徹

五・五　〔紹〕日本と中国「日本のアジア外交　二千年の系譜」（「新刊中国関連書籍」）

五・一〇　〔紹〕産経新聞「歴史をどう見るか」（「産経抄」）

七月新刊

＊タイトルは仮題

画一化されてゆく風景からの転換を！

環

学芸総合誌・季刊
【歴史・環境・文明】
Vol.54
'13夏号

【特集】日本の「原風景」とは何か

〈座談会〉中村良夫＋桑子敏雄＋三浦展
〈寄稿〉中村良夫／上田篤／O・ベルク／陣内秀信／橋爪紳也／樋口忠彦／赤坂憲雄／宮脇昭／安里英子／中島直人／畠山重篤／星寛治／結城幸司／石垣金星／今福龍太／石牟礼道子

【小特集】石牟礼道子の世界

石牟礼道子／町田康

【小特集】大田堯と川口太陽の家

大田堯／〈インタビュー〉松本哲（聞き手・編集長）
〈寄稿〉中村桂子＋木下晋／三木健

〈書物の時空〉粕谷一希／市村真一／河野信子／平川祐弘／永田和宏／川満信一／貝瀬千里／倉山満
〈新連載〉玉野井麻利子／石井洋二郎／山田登世子
〈連載〉石牟礼道子／金子兜太／小倉紀蔵／川勝平太＋山折哲雄／松岡小鶴（門玲子・解説）／三砂ちづる／新保祐司／河津聖恵／能澤壽彦

七回忌記念出版

われわれの小田実

古藤晃＝編

二〇〇七年七月三十日に作家、小田実氏が世を去ってから六年。「作家」であることに拘りつづけながら、べ平連、阪神・淡路大震災被災者支援など、その枠組みを常にはみ出さずにはいられなかった闘士、小田実とは何だったのか。小田実をよく識る約七十人の寄稿から、今もわれわれの中に生き続ける「小田実」の全体像をえがく。

人はなぜ「剽窃された」と思い込むのか

警察調書

剽窃と世界文学

マリー・ダリュセック
高頭麻子訳

ベストセラー『めす豚ものがたり』の著者は、なぜ過去二回も理不尽で苛酷な「剽窃」の告発を受けたのか？　ツェラン、マンデリシュタ－ム、マヤコフスキーら古今東西の文学者の創作の生命を脅かした剽窃の糾弾を追跡し、想像力の可能性と限界、唯一性・真正性、表現の圧殺など、創造行為の根幹を「剽窃」というプリズムから照射した傑作評論。

森が育んだ、日本の歴史

森と神と日本人

上田正昭

朝鮮半島と日本との交流に光をあて続け、差別と人権への視座をその歴史哲学に組み込んできた日本古代史の碩学が、古来から日本各地で日本人の心性を育んできた〝森〟を、古代の文献の中に縦横に読み解く。

サンド書簡から19世紀全体が見える！

〈ジョルジュ・サンド セレクション〉（全9巻・別巻一）

9 書簡集

本巻完結

持田明子・大野一道編＝監訳

フロベール、バルザック、ドストエフスキーら文学者、ドラクロワら画家、ショパン、リストら音楽家、ナポレオン三世ら政治家……二万一千通に及ぶ全書簡から精選、十九世紀という時代と世界の全体像を描く。

6月の新刊

タイトルは仮題、定価は予価。

親鸞から親鸞へ〈新版〉
現代文明へのまなざし
三國連太郎＋野間宏
四六判 三五二頁 二七三〇円

岡田英弘著作集（全8巻） 発刊
1 歴史とは何か ＊ 口絵二頁
月報＝J・R・クルーガー／山口瑞鳳／田中克彦／間野英二
四六上製布クロス装 四三二頁 三九九〇円

横井小楠研究 ＊
源了圓
A5上製クロス装 五六〇頁 九九七五円

横井小楠の弟子たち ＊
熊本実学派の人々
花立三郎
A5上製クロス装 五一二頁 八九二五円

ロング・マルシュ 長く歩く ＊
アナトリア横断
B・オリヴィエ 内藤伸夫・渡辺純訳
四六上製 四三二頁 三三六〇円

花を奉る ＊ 口絵四頁
石牟礼道子の時空
赤坂憲雄／池澤夏樹／伊藤比呂美／今福龍太／臼井隆一郎／永六輔／加藤登紀子／河瀬直美／金石範／志村ふくみ／土屋恵一郎／鶴見俊輔／原田正純／町田康／三砂ちづる／水原紫苑／渡辺京二 ほか
四六上製布クロス装貼函入 六二四頁 六八二五円

7月刊

『環』歴史・環境・文明 54 13・夏号 ＊
〈特集 日本の「原風景」とは何か〉
中村良夫＋桑子敏雄＋三浦展／上田篤／O・ベルク／陣内秀信／橋爪紳也／赤坂憲雄／畠山重篤／宮脇昭 ほか

われわれの小田実 ＊
古藤晃＝編

警察調書 ＊
剽窃と世界文学
M・ダリュセック 高頭麻子訳

森と神と日本人 ＊
上田正昭

〈ジョルジュ・サンド セレクション〉
9 **書簡集** ＊ （全9巻・別巻一）
持田明子・大野一道編＝監訳
石井啓子・大野一道・小椋順子・鈴木順子・持田明子訳

好評既刊書

卑弥呼コード 龍宮神黙示録 ＊
海勢頭豊
A5判 三七六頁 三〇四五円

10万人のホームレスに住まいを！ ＊
アメリカ「社会企業」の創設者
ロザンヌ・ハガティの挑戦
青山佾
A5判 二四八頁 二三一〇円

口で鳥をつかまえる男 ＊
アズィズ・ネスィン短篇集
護雅夫＝訳
四六上製 二三二頁 二七三〇円

峡（かい）に忍ぶ ＊
秩父が生んだ女流俳人、馬場移公子
中嶋鬼谷編著 序＝金子兜太 跋＝黒田杏子 口絵四頁
四六上製 三八四頁 三九九〇円

『環』歴史・環境・文明 53 13・春号
〈特集 経済再生は可能か〉
浜田宏一／安達誠司／榊原英資／田中秀臣／田村秀男／中村宗悦／西部邁／原田泰 ほか
菊大判 四三二頁 三七八〇円

盲人の歴史 カラー口絵四頁
中世から現代まで 序＝A・コルバン
Z・ヴェイガン 加納由起子訳
A5上製 五二八頁 六九三〇円

マルセル・プルーストの誕生 口絵八頁
新編プルースト論考
鈴木道彦
四六上製 五四四頁 四八三〇円

携帯電話亡国論
携帯電話基地局の電磁波「健康」汚染
古庄弘枝
四六判 二四〇頁 二一〇〇円

光り海
坂本直充詩集 推薦＝石牟礼道子
〈特別寄稿〉柳田邦男
〈解説〉細谷 孝
A5上製 一七六頁 二九四〇円

＊の商品は今号に紹介記事を掲載しております。併せてご覧戴ければ幸いです。

書店様へ

▼5／5からの共同配信で芳賀徹さん、5／19『読売』で橋本五郎さん、同日5／19『東京・中日』で勝又浩さん、そして5／21『毎日』(夕)で苅部直さん絶賛書評・紹介の**平川祐弘『竹山道雄と昭和の時代』**が、今度は5／26(日)『日経』でも竹内洋さんに絶賛大書評！ 大反響で忽ち重版です！

▼5／26(日・再放送6／2)NHK「日曜美術館」「原田マハが挑む 貴婦人と一角獣」で**『ジョルジュ・サンド セレクション⑤ジャンヌ』**が朗読・紹介され大反響！ 外文だけでなく、美術の棚でもぜひ！

▼5／21(火)『読売』「詩月評」で、4月刊行の**坂本直充『光り海』**が野村喜和夫さんに絶賛紹介！ 「『水俣という重い空間のなかで／ことばが存在と等しくなる時まで』待たれた圧倒的なリアリティの輝きがある。」

▼5／10(金)『産経』「産経抄」欄で「日本とアメリカの関係は突き詰めれば中国問題だ」とCh・ビーアドの言葉を引き、**粕谷一希『歴史をどう見るか』**やビーアド、**松本重治、後藤新平**が紹介！ （営業部）

後藤新平の会

第7回後藤新平賞

本賞　園田天光光氏（元衆議院議員、NPO世界平和大使人形の館をつくる会代表）

授賞式　七月一三日(土)午前一一時～正午
於・日本プレスセンター　ABCホール

シンポジウム 後藤新平と五人の実業家たち

近代日本経済の礎を築いた後藤新平と渋沢栄一、益田孝、大倉喜八郎、安田善次郎、浅野総一郎らと後藤新平の関係とは？

（敬称略・五十音順）

〈基調講演〉青山佾（元東京都副知事）
粕谷誠（東京大学大学院経済学研究科教授）
見城悌治（千葉大学大学院准教授）
新田純子（作家）
村上勝彦（元東京経済大学学長）
由井常彦（三井文庫常務理事・文庫長）
（司会）小島英記（作家）

【日時】七月一三日(土)午後一時～
【場所】日本プレスセンター　ABCホール
【会費】二〇〇〇円
＊授賞式・シンポジウムとも問合せは藤原書店内「後藤新平の会」事務局まで

出版随想

▼梅雨入りの季節となった。恒例となった「ゆいまーる・琉球の『自治』」が五月連休明け八重山の石垣島で行なわれた（次号に報告掲載予定）。新石垣空港がさんご礁で名高い白保に出きたので、近くの公民館でやる予定だったが、断られたという。しかも、自衛隊の誘致が進んでいる。与那国島でも決定し、石垣もか、これはどういう国家の戦略構想かと考える。〝防衛〟という名目で、基地強化は確実に拡大してきている。これも日米安保の範囲内で、日本国民としては、遵守する以外ないのか。

▼又、この五月水俣病に関する最高裁判決が出たが、問題は「水俣病認定基準」にある。昨年七月で特措法が締め切られ、申請者は、三〇万人となったが、現在「水俣病患者」と認められている人はわずか三千人。一%にすぎない。公式確認されて半世紀を経ても患者と認定される人はごく僅か。

▼五月八日の『東京新聞』社説に目が留った。「水俣病とはいったい何なのか。すべてはこの問いに尽きるのではないか。（中略）あらためて国に問いたい。水俣病とは何なのか。そもそも有機水銀の垂れ流し、それが放置されたことによる中毒症状を『病気』と呼んでいいのだろうか。経済成長という国策の犠牲者として等しく救済すべきではないか。」長い引用になったが、水俣病は「病気」か?という根源的問いをこの「水俣病」事件を考える時に忘れていたのではないか。「水俣病」という三字が所与のものとしてこの問題を考えてきたからではないか。一体誰が、この事件に「水俣病」という言葉を作ったのか。足尾銅山鉱毒事件は、「足尾病」とはいわない。この事件の解決を遅らせたのは、この「水俣病」という言葉にあるのではなかろうか。

▼水俣病は、断じて病気ではない。水俣病は犯罪である。国家ぐるみの企業犯罪である。患者ではない。犠牲者である。この事件によって多数亡くなられた方が居るから、大量殺人事件である。国はそれを認めて、この事件の犠牲者すべてに全面補償をすることだ。それ以外この事件の解決の道はない。合掌　（亮）

●〈藤原書店ブッククラブ〉ご案内●
▼会員特典は、①本誌『機』を発行の都度ご送付／②（小社への直接注文に限り）小社商品購入時に10%のポイント還元／③送料のサービス。その他小社催しへのご優待等。詳細は小社営業部まで問い合せ下さい。
▼年会費二〇〇〇円。ご希望の方は、入会ご希望の旨をお書き添えの上、左記口座番号までご送金下さい。
振替・00160-4-17013　藤原書店